LES ELEMENS DE L'ASTRONOMIE VERIFIEZ

PAR MONSIEUR CASSINI

par le rapport de ses Tables aux Observations de M. Richer faites en l'Isle de Caïenne.

AVEC LES OBSERVATIONS DE MM. VARIN, DES HAYES, ET DE GLOS faites en Afrique & en Amerique.

A PARIS,

DE L'IMPRIMERIE ROYALE.

M. DC. LXXXIV.

LES ELEMENS DE L'ASTRONOMIE VERIFIEZ PAR MONSIEUR CASSINI

par le rapport de ses Tables aux Observations de M. Richer faites en l'Isle de Caïenne.

I. *De l'utilité des Observations Astronomiques faites en l'Isle de Caïenne.*

DEPUIS que Tycho-Brahé nous a donné ses Observations Astronomiques, & que Kepler y a joint ses speculations & ses calculs, & que plusieurs autres ont travaillé aprés eux, il est certain que les tables du mouvement des Planetes principales connuës aux anciens sont incomparablement plus exactes qu'elles n'estoient auparavant. Néanmoins cette exactitude n'est point encore parvenuë à sa derniere perfection : car selon nos Observations, les Tables Rodolphines qui sont réputées les plus exactes anticipent dans les Equinoxes du printemps de trois heures entieres, & retardent presque autant dans ceux de l'automne ; de sorte qu'elles font le temps de l'esté entre les deux Equinoxes trop long, & celuy de l'hyver trop court de six heures, & augmentent la difference entre la durée de l'esté & celle de l'hyver de douze heures entieres.

Une erreur si considerable dans les Tables du Soleil, se répand aussi dans les Tables des autres Planetes, dont le mouvement apparent est composé du mouvement propre & de celuy du Soleil, que les Coperniciens donnent à la terre à laquelle toutes les apparences se rapportent.

Une des principales causes de ces defauts est la réfraction des rayons visuels dans la surface de l'air dont les regles n'ont pas esté connuës aux Auteurs des Tables Astronomiques. Tycho fut le premier qui trouva que les réfractions élevent les Astres de plus d'un demi-degré, quand ils sont à l'Horison, qu'elles se diminuënt peu à peu dans les hauteurs plus grandes; & il crut que celles du Soleil estoient de 34. minutes dans l'Horison, & devenoient insensibles dés qu'elles arrivoient à la hauteur de 45. degrez. Celles des Estoiles fixes qu'il fait de 30. minutes dans l'Horison, finissent aussi, selon luy, à la hauteur de 20. degrez. La regle veritable des réfractions Physiques données par M. Descartes verifiée par une infinité d'experiences, dont la pluspart ont esté faites à l'Academie dans diverses liqueurs, & appliquée par une methode particuliere aux réfractions celestes, a fait connoistre que les réfractions des Astres ne cessent que dans le Zenit, quoy-qu'au dessus de 45. degrez elles n'excedent gueres la valeur d'une minute.

Mais cette réfraction au dessus de 45. degrez, toute petite qu'elle est, ne laisse pas d'estre de grande importance, & de causer de grandes erreurs dans l'usage des Observations Astronomiques. Car premierement elle change les hauteurs apparentes du Pole dont nous nous servons dans la plus grande partie des Observations. Elle varie les hauteurs meridiennes de l'esté, dont les Astronomes se servent ordinairement pour l'établissement de la théorie du Soleil, parce qu'ils supposent qu'elles ne sont pas sujettes à réfraction, & ces réfractions augmentent principalement les hauteurs Solsticiales de l'esté, d'où les Astronomes tirent ordinairement l'obliquité de l'Eclyptique, les comparant à la hauteur du Pole. Or l'obliquité de l'Eclyptique est un autre élement qui entre dans le calcul de la pluspart des Observations Astronomiques, lors qu'on le veut réduire à l'usage. Les Observations Solsticiales corrigées par les réfractions Astronomiques, selon cette nouvelle methode que l'Academie a commencé de pratiquer, donnoient l'obliquité de l'Eclyptique moindre de deux minutes & demie qu'elle n'avoit esté établie par Tycho, ce qui cause une erreur sensible dans toutes les Tables du premier mobile, qui sont construites sur l'hypotese Tychonicienne.

Et parce que dans toutes les Observations du Soleil qu'on employe ployē communément pour fonder les Tables, on se sert de la hauteur du Pole & de l'obliquité de l'Eclyptique ; il est constant que l'une & l'autre estant mal établie à cause de leur réfraction ignorée, les Tables du Soleil ont des defauts, qui se peuvent néanmoins corriger en limitant les Observations par les réfractions.

Il y a plus de vingt ans qu'on entreprit de le faire par le moyen de la Table suivante des réfractions fondée sur les Observations & sur la théorie tirées des experiences Physiques. Par les réfractions de cette Table on a corrigé les Observations du Soleil, sur lesquelles on fonda les Tables de son mouvement, qui representoient les autres Observations corrigées par la mesme Table des réfractions, avec une justesse beaucoup plus grande que les autres.

Mais pour une plus grande preuve de leur justesse, il estoit à souhaiter qu'on eust des Observations du Soleil faites au Zenit ou fort proche, où l'on est d'accord avec les Tychoniciens qu'il n'y a point de réfraction, pour verifier si les Observations faites en ces lieux n'estoient pas mieux representées par ces nouvelles Tables que par les Tychoniciennes. Que si cela se trouvoit vray, il n'y restoit plus de doute que ces nouvelles tables du mouvement du Soleil & celle des réfractions ne fussent préferables aux Tychoniciennes, representant mieux tant les Observations faites dans les lieux où il y a de la réfraction, que celles qui sont faites dans les lieux où il n'y en a point.

Une Observation si importante ne se pouvoit faire que dans la Zone torride proche de l'Equinoxial, où le Soleil au point de midy passe par le Zenit deux fois l'année. Il falloit entreprendre un voyage penible, & faire un long sejour dans un climat où les chaleurs sont insupportables. Mais de-quoy n'est point capable la nation Françoise quand il s'agit de servir un si grand Roy ? Est-il quelque entreprise impossible à un Prince comme luy, qui n'épargne rien pour sa gloire ni dans les armes ni dans les arts, & qui entretient, par une magnificence toute Royale, tant de personnes si éclairées dans les Observations Astronomiques & Physiques dans son Academie, pour rendre son Regne aussi illustre par la perfection des sciences qu'il l'est par ses glorieux exploits ?

L'Academie donc ayant consideré l'importance de cette expedition, & le moyen de l'exécuter, jugea qu'il n'y avoit point de lieu plus propre ni plus commode pour ces Observations que l'Isle de Caïenne, qui est à 5. degrez de distance de l'Equinoxial vers le Pole Septentrional, sujette à la domination de Sa Majesté, & frequentée par des navires qu'on y envoye plusieurs fois l'année.

Selon les hypotheses de tous les autres Astronomes, qui ne donnent point de réfraction au Soleil audessus de 45. degrez, les hauteurs Meridiennes du Soleil en Caïenne devoient estre toûjours exemptes de réfractions : car la moindre hauteur Meridienne, qui est celle du Solstice d'hyver, en cette Isle est de 61. degrez & demi. Comparant donc cette hauteur avec celle du Solstice d'esté, on devoit selon les hypotheses communes trouver la distance des Tropiques sans estre diminuée par les réfractions, ce qui n'arrive pas dans nos climats ; & selon les Tychoniciens elle devoit paroistre de plus de 47. degrez & 3. minutes, qui est leur veritable distance des Tropiques. Car la distance apparente des Tropiques en Caïenne, selon les Tychoniciens, devoit estre plus grande que la distance veritable, à cause de la parallaxe du Soleil qui l'abbaisse & l'éloigne du Zenit dans l'un & dans l'autre Solstice. Et en Caïenne, dont le Zenit est entre les deux Tropiques, leur distance est égale à la somme des deux distances solsticiales au Zenit. Donc la distance apparente des deux Tropiques devoit estre plus grande que la distance veritable par la somme des deux parallaxes solsticiales.

Mais selon ces nouvelles hypotheses, dans les deux Solstices, la réfraction devoit élever un peu plus le Soleil que la parallaxe ne l'abbaisse : c'est pourquoy la distance apparente des Tropiques devoit estre un peu moindre que la distance veritable, qui, selon ces nouvelles hypotheses, n'est que de 46. degrez & 58. minutes.

Or puis que la mesme distance apparente des Tropiques selon les hypotheses Tychoniciennes se devoit trouver plus grande que 47. degrez 3. minutes ; il y avoit entre ces deux hypotheses une difference de plus de 5. minutes, qui se pouvoit décider évidemment par les Observations de Caïenne.

Le seul motif d'éclaircir un point de si grande importance par des Observations aussi simples que le sont celles des hauteurs Meridiennes, valoit la peine d'entreprendre ce voyage. Car sans avoir certifié l'obliquité de l'Eclyptique, qui est la moitié de la distance des Tropiques, on ne sçauroit trouver le lieu veritable du Soleil par les hauteurs Meridiennes, ni la longitude & la latitude des autres Planetes & des Estoiles fixes par quelque observation que ce soit ; & par consequent on ne pouvoit parvenir à la perfection de l'Astronomie.

Quoy-qu'on eust établi la difference des Tropiques telle qu'elle a esté confirmée depuis par les Observations faites en Caïenne : neanmoins parce que ç'avoit esté par des Observations faites dans nos climats, & par une methode fort difficile, & qui estoit tres-differente de celle qui avoit esté établie par tous les Astronomes modernes de la celebre école de Tycho ; il estoit raisonnable de la mettre à l'épreuve d'une methode plus simple & plus évidente, par les Observations faites dans un lieu où elle se pust pratiquer.

Il restoit encore un doute dans l'Astronomie qu'on souhaitoit d'éclaircir par le rapport des Observations faites en des climats fort éloignez l'un de l'autre. Comme les réfractions élevent les Planetes, & que les parallaxes les abbaissent, l'effet de l'une est effacé en tout ou en partie par l'effet de l'autre, & il n'y reste de sensible que la difference. Dans le Soleil dont la réfraction est ordinairement plus grande que la parallaxe, ce qui reste de sensible, est une partie de la réfraction. Dans la Lune où la parallaxe est plus grande que la réfraction, la difference qui est sensible est une partie de la parallaxe. Or il est extrémement difficile d'établir les réfractions & les parallaxes totales par la seule difference entre les unes & les autres, & on peut trouver diverses combinaisons de l'une & de l'autre qui fassent la mesme difference. On avoit proposé deux hypotheses qui dans les hauteurs Meridiennes du Soleil faisoient à peu prés le mesme effet dans les climats de l'Europe; de sorte qu'il n'y avoit pas de moyen assez certain de distinguer évidemment une hypothese de l'autre. L'une supposoit insensible la parallaxe du Soleil, ou au dessous de 12. secondes; & dans cette hypothese les réfractions estoient invariables par toute l'année. L'autre supposoit la parallaxe Horisontale du Soleil d'une minute, comme Kepler; & cette supposition obligeoit à varier la réfraction de toute l'année à proportion de la variation des déclinaisons du Soleil. Quoy-que les Observations des phases de la Lune & de la parallaxe de Mars dans les oppositions avec le Soleil favorisassent la premiere hypothese, néanmoins parce que la distance du Soleil à la terre qui en résultoit estoit incroyable, quoy-qu'on s'y fust arresté dans l'essay des Observations publiées l'an 1656. on balançoit encore entre celle-cy & la seconde dans les Ephemerides de Malvasia de 1661. Et parce que dans les climats aussi éloignez que sont le nostre & celuy de Caïenne, la combinaison de la réfraction & de la parallaxe du Soleil & des autres Planetes est fort differente, le rapport des Observations faites en Caïenne & à Paris estoit suffisant pour distinguer laquelle de ces deux hypotheses estoit la meilleure.

Nous estions à la fin de l'année 1671. & cette experience se pouvoit faire alors non seulement par les Observations du Soleil, mais aussi par celle de Mars, qui devoit estre à son perigée periodique & synodique en 1672. & par consequent au dessous du Soleil plus proche de la terre que jamais: ce fut une des causes qui obligerent à presser ce voyage. Il devoit servir à d'autres Observations fort utiles à l'Astronomie & à la Geographie, lesquelles sont rapportées au commencement de la Relation de M. Richer. On y pouvoit déterminer precisément la hauteur du Pole en Caïenne & la difference de son Meridien à celuy de Paris; faire diverses Observations de Mercure, qui ne se voit que tres-rarement dans les climats de l'Europe, & qui se voit tres-souvent en Caïenne. On pouvoit encore y faire les Observations de la Lune proche du Zenit, où elle n'est point sujette à parallaxe ni à réfractions, qui se meslent dans toutes les Observations que nous faisons en Europe. Enfin on pouvoit y déterminer la longitude & la latitude des Estoiles fixes de l'Hemisphere austral, qui ne sont pas visibles dans nostre Horison; & faire diverses Observations Physiques, comme de la diversité ou uniformité des réfractions Horisontales à Paris & en Caïenne, la durée des Crepuscules & la longueur des Pendules. Mais voicy les Observations de la plus grande importance. On les donne corrigées, ayant ajousté dix secondes à toutes les hauteurs prises par l'octans, qui abbaissoit d'autant selon les Observations que M. Richer en fit en Caïenne rapportées au Chapitre second.

II. Les hauteurs solsticiales en Caïenne.

En esté.

Observations de Caïenne, chap. 3.

L'an 1672. le 20. de Juin, en Caïenne la hauteur Meridienne du bord Septentrional du Soleil fut de 71^d. 11'. 50''.

C'est la moindre qui fut observée en tout l'esté, car le jour précedent elle avoit esté 71. 12. 5.

Et le jour suivant elle fut 71. 12. 0.

Ce qui s'accorde assez bien aux Tables Astronomiques, qui mettent le Solstice d'esté de l'année 1672. le 20. de Juin à 4. heures aprés midy en Caïenne.

Et parce que dans le Solstice le Soleil ne varie pas plus d'une seconde de déclinaison pendant 5. heures, la hauteur solsticiale apparente du bord Septentrional en Caïenne fut telle qu'elle parut ce jour-là 71. 11. 50.

Par la Table suivante.

Le demi-diametre du Soleil estoit alors 15. 50.

La hauteur solsticiale apparente du centre du Soleil 71. 27. 40.

Et la distance apparente au Zenit 18. 32. 20.

En hyver.

La mesme année 1672. le 20. de Décembre, la hauteur Meridienne du bord Septentrional du Soleil 61. 51. 40.

Qui fut la moindre observée en tout l'hyver, car le jour suivant elle fut 61. 51. 55.

Ce

Ce qui s'accorde aussi aux Tables Astronomiques, qui donnent le Solstice le mesme jour 20. à 7. heures aprés le midy de Caïenne.

A l'égard de cette difference de temps il faut oster 2. secondes.

Ainsi la hauteur apparente solsticiale du mesme bord reste 61. 51. 38.

Le demi-diametre apparent du Soleil estoit alors		16.	22.
Donc la hauteur apparente du centre du Soleil	61.	35.	16.
Et la distance apparente au Zenit	28.	24.	44.

III. La distance apparente des Tropiques.

La distance apparente des Tropiques en Caïenne est égale à la somme des deux distances solsticiales au Zenit.

La distance solsticiale au Zenit de l'esté a esté trouvée de	18^{d}.	32′	20″.	*n. 1.*
La distance au Zenit l'hyver a esté trouvée	28.	24.	44.	*n. 2.*
La somme est la distance apparente des Tropiques	46.	57.	4.	

IV. Comparaison de cette distance des Tropiques à la Tychonicienne.

Selon les hypotheses de Tycho la distance des Tropiques trouvée par cette methode en Caïenne, devoit estre plus grande que la veritable. Car par ces hypotheses il n'y devoit point avoir de réfraction dans ces hauteurs Meridiennes de l'un & de l'autre solstice, n'y en ayant point, selon Tycho, dans celles qui excedent 45. degrez, & il devoit y avoir de la parallaxe qui abbaisse le Soleil dans l'un & dans l'autre solstice, & augmente la distance apparente des Tropiques au dessus de la veritable, que Tycho fait de 47. 3. 0.

A la hauteur de 71^{d}. 11′. dans le Solstice d'esté la parallaxe		55″.	*Par la Table des Progimnasmes.*
A la hauteur de 61^{d}. 52′. dans le Solstice d'hyver	1′.	28′.	
L'augmentation totale par la parallaxe devoit estre	2.	23.	
La distance des Tropiques devoit donc paroistre 47^{d}.	5.	23.	
Mais elle n'a paru que 46.	57.	4.	
Il y a donc un excés dans l'hypothese de Tycho de	8.	17.	

V. Comparaison de cette distance des Tropiques à celle qui avoit esté établie dans les Ephemerides Malvasiennes.

Selon les nouvelles hypotheses la distance apparente des Tropiques en Caïenne devoit estre moindre que la veritable, qui est de 46. 58. parce que la réfraction à ces hauteurs est plus grande que la parallaxe, & l'excés de réfraction éleve le Soleil & diminuë la distance des Tropiques, ce qui est déja conforme à l'Observation.

Par la Table suivante des réfractions à la distance au Zenit de 18. degrez & demi, la réfraction est 20″.

La parallaxe selon les dernieres corrections par la mesme Table 3″.

Excés de la réfraction 17.

A la distance au Zenit de 28. degrez & demi la réfraction 32.

La parallaxe 4.

Excés de la réfraction 28.

Somme des deux excés 45.

Telle est donc la diminution apparente de la distance des Tropiques representée par les Tables en Caïenne.

La vraye distance des Tropiques par ces Tables. 46ᵈ. 58′ 0″.

Donc la distance apparente des Tropiques par les hypotheses devoit estre en Caïenne 46. 57. 15.

Par les Observations elle a esté de 46. 57. 4.

à un sixiéme de minute prés de ce qu'on avoit déterminé.

VI. L'obliquité apparente de l'Eclyptique.

n. 5. Ayant divisé en deux parties égales cette distance apparente, & supposé l'Equinoxial à égale distance des deux Tropiques, l'obliquité de l'Eclyptique apparente par les Observations de Caïenne a esté de 23. 28′. 32″.

Par les nouvelles hypoteses elle devoit estre 23. 28. 37.

Il n'y a donc difference que de 5. secondes, qui est tout-à-fait insensible.

VII. La latitude apparente de Caïenne tirée des Solstices.

n. 2. La distance apparente du Tropique de l'esté au Zenit 18. 32. 20.

n. 6. Estant ostée de l'obliquité apparente de l'Eclyptique 23. 28. 32.

Laisse la distance apparente du Zenit de Caïenne à l'Equinoxial 4. 56. 12.

VIII. Les veritables distances solsticiales au Zenit de Caïenne.

Mais puis que nos réfractions & parallaxes s'accordent si précisément aux Observations de Caïenne, nous les pouvons employer avec seûreté, pour déterminer l'obliquité de l'Eclyptique, & la hauteur du Pole, en cette maniere.

En esté.

La distance apparente au Zenit dans le Solstice d'esté	18^d.	32'.	20''.	n. 2.
Excés de la réfraction sur la parallaxe à ajouster			17.	
Distance veritable	18.	32.	37.	

En hyver.

Distance apparente au Zenit dans le Solstice d'hyver	28.	24.	44.
Excés de la réfraction sur la parallaxe à ajouster			28.
Distance veritable	28.	25.	12.

IX. *La veritable distance des Tropiques, l'obliquité de l'Eclyptique, & la latitude de Caïenne.*

La somme des distances solsticiales au Zenit est la distance veritable des Tropiques 46. 57. 49. n. 8.

La moitié est l'obliquité veritable de l'Eclyptique 23. 28. $54\frac{1}{2}$

Laquelle estant ostée de la plus grande hauteur solsticiale 28. 25. 12.

Laisse la distance du Zenit à l'Equinoxial 4. 56. $17\frac{1}{2}$ ou latitude de Caïenne veritable.

Et la hauteur de l'Equinoxial veritable 85. 3. $42\frac{1}{2}$

X. *Les hauteurs équinoxiales du bord superieur du Soleil.*

Ayant ajousté à cette hauteur de l'Equinoxial le demi-diametre du Soleil dans l'Equinoxe de printemps 16'. 8''. n. 9.

La hauteur du bord superieur du Soleil sera de 85. 19. 50.

Le demi-diametre du Soleil dans l'Equinoxe d'automne 16. 4.

La hauteur du bord superieur du Soleil dans cét Equinoxe 85. 19. 46.

Et ayant ajousté quatre secondes pour l'excés de la réfraction sur la parallaxe 4.

Hauteur apparente du bord superieur dans l'Equinoxe du printemps 85. 19. 54.

Hauteur apparente du bord superieur dans l'Equinoxe d'automne 85. 19. 50.

XI. L'Equinoxe de l'automne de l'année 1672. en Caïenne.

Obſerv. ch. 3. n. 10.

Le 22. de Septembre de l'année 1672.
La hauteur du bord ſuperieur du Soleil 85^d. 12'. 10".
La hauteur équinoxiale de ce bord en automne doit eſtre 85. 19. 50.
Difference à la hauteur équinoxiale 7. 40.
Le mouvement journalier de déclinaiſon dans l'Equinoxe d'automne 23'. 30".
Puis que 23'. 30". de déclinaiſon donnent 24^h. 0'.
740. donnent 7. 50'.
Et puis que la hauteur eſtoit déja moindre que l'équinoxiale, l'Equinoxe avoit précedé de 7^h. 50.
Il arriva donc en Caïenne le 21. de Septembre à 16^h. 10'. minutes aprés midy.

XII. L'Equinoxe du printemps de l'année 1673. en Caïenne.

Obſerv. ch. 3. n. 10.

Le 19. de Mars la hauteur Meridienne du bord ſuperieur du Soleil fut 85. 10. 25.
La hauteur équinoxiale de ce bord au printemps 85. 19. 54.
Difference 9. 29.
Le mouvement journalier de déclinaiſon eſt 23. 40.
Puis que 23. 40. de variation de déclinaiſon donne 24^h.
9'. 29". ſecondes donne 9^h. 38'.
Heures de l'Equinoxe du printemps en Caïenne aprés le midy du 19. de Mars, car la hauteur Meridienne de ce jour eſtoit encore plus petite que l'équinoxiale.

XIII. Intervalle du temps apparent entre l'Equinoxe d'automne & celuy du printemps.

n. 11. Depuis le 21. de Septembre 16^h. 10.
n. 12. Juſqu'au 19. de Mars 9^h. 38.
Sont 178. jours 17^h. 28.
Intervalle du temps apparent entre l'Equinoxe d'automne & celuy du printemps.
L'ayant oſté de la grandeur de l'année qui eſt de 365. 5. 49.
Reſte l'intervalle de temps apparent entre l'Equinoxe du printemps & celuy de l'automne 186. 12. 21.
Et la difference des deux intervalles 7'. 20^h. 53'.

L'équation

De l'équation du temps dans l'Equinoxe du printemps additive,

Et dans celuy de l'automne ſubſtractive $7\frac{1}{2}$

L'Equinoxe de l'autom. au temps moyen, 1672. 21. Sept. 16^h. $2'\frac{1}{2}$

L'Equinoxe du printemps, 1673. 19. Mars 9. $45\frac{1}{2}$

Intervalle de temps moyen entre l'Equinoxe de l'automne & celuy du printemps 178ʲ. 17. 43.

La grandeur de l'année eſt de 365. 5. 49.

Entre l'Equinoxe du printemps & celuy de l'aut. 186. 12. 6.

Par les Ephemerides de Heker tirées des Tables Rudolphines 186. 18. 36.

Difference entre ces Tables & les Obſervations 6^h. $30'$.

Ce qu'il eſtoit important de verifier.

XIV. Recherche de la difference des Meridiens entre Paris & Caïenne, par le rapport des Obſervations faites dans l'un & dans l'autre lieu.

Cette difference a eſté recherchée par diverſes manieres, qui ne s'accordent pas ſi bien enſemble que celles qui ont eſté déterminées dans les autres Voyages aprés une plus longue experience. Il ſuffit d'en rapporter quelques-unes. Premierement elle a eſté recherchée par l'éclypſe de la Lune qui arriva le 7. de Novembre 1672.

Le commencement de cette éclypſe fut obſervé à Paris dans l'Obſervatoire Royal à 5^h. $15'$. $40''$. du matin.

Mais en Caïenne il fut obſervé à 1. 47. 12.

La difference des Meridiens eſt donc 3. 28. 28. *Obſerv. ch. 6.*

Secondement la meſme difference a eſté recherchée par l'Obſervation de la conjonction du premier Satellite de Jupiter, qui arriva le premier d'Avril de la meſme année 1672.

Ce Satellite, ſelon l'Obſervation de M. Richer, toucha le bord Oriental de Jupiter à 7^h. $56'$. $44''$. *Lettre de M. Richer.*

Il ſe détacha du bord Occidental à 10. 36. 16.

Intervalle entre les deux phaſes 2. 39. 32.

La moitié 1. 19. 46.

Qui eſtant joint à la premiere phaſe 7. 56. 44.

Donne le temps de la conjonction 9. 16. 30.

Selon les Tables reglées aux Obſervations du meſme mois, cette conjonction arriva à Paris 12^h. $43'$. $3''$.

Difference des Meridiens 3. 26. 33.

Troiſiémement on a cherché la difference des Meridiens par la comparaiſon des differences des hauteurs Meridiennes du Soleil à Paris & en Caïenne vers les Equinoxes, par une methode qui n'a point besoin de la connoissance des hauteurs du Pole, ni des réfractions, ni des parallaxes. Il est vray qu'une seconde d'erreur en chaque Observation dans cette methode donne une minute d'heure d'erreur dans la difference des Meridiens. C'est pourquoy elle peut bien suffire pour l'usage des Observations du Soleil faites en Caïenne, puis quelle est tirée des Observations du Soleil, lors que la difference journaliere de son mouvement apparent en déclinaison estoit plus sensible que jamais; mais elle ne peut pas servir à tous les autres usages indifferemment.

Considerant la trace du mouvement apparent du Soleil vers l'Occident, qui résulte de la composition du mouvement universel à l'Occident, & du particulier vers l'Orient que nous prenons pour mesure des vingt-quatre heures usuelles : dans l'Equinoxe de l'automne elle décline de l'équinoxial vers le Midy de vingt-quatre minutes ou environ, qui est la variation journaliere de la déclinaison du Soleil, & dans l'Equinoxe du printemps, elle décline presque autant. Vers le Septentrion la trace du mouvement journalier du printemps décline de la trace de l'automne par la somme des deux déclinaisons journalieres, c'est à dire de quarante-huit minutes ou environ : & dans les jours correspondans de l'automne & du printemps ces deux traces s'entrecoupent sur quelque Meridien ; & sur les autres Meridiens elles sont éloignées l'une de l'autre par la somme de deux déclinaisons, qui conviennent à la difference du Meridien sur lequel arrive l'intersection. Et parce qu'aux Equinoxes la déclinaison augmente à proportion des temps, cette variation de distance est proportionnelle à la difference des Meridiens ; & puis que vingt-quatre heures aprés l'intersection des deux traces de l'automne & du printemps, elles sont éloignées l'une de l'autre de quarante-huit minutes, chaque seconde de variation de cét éloignement donne une demi-heure de difference des Meridiens, ce qui est le fondement de cette methode.

L'an 1672. le 22. de Septembre, à Paris, la hauteur Meridienne 42d. 10'. 5".

L'an 1673. le 20. de Mars 42. 1. 25.

La difference des hauteurs Meridiennes égale à la distance des traces 8. 40.

Observ. ch. 3. L'an 1672. le 22. de Septembre, en Caïenne, la hauteur Meridienne du Soleil 85. 59. 10.

L'an 1673. le 20. de Mars 85. 57. 45.

La difference égale à la distance des traces 1. 25.

Difference entre la distance des traces en Caïenne & à Paris 7'. 15".

Le mouvement diurne de déclinaison dans l'Equinoxe de l'automne 23'. 30".

Dans celuy du printemps 23. 41.

Somme, éloignement des traces en 24. heures 47. 11.

Puis donc que 47'. 11". de variation donnent 24. heures, 7'. 15". entre Paris & Caïenne donnent 3h. 42". qui est la difference des Meridiens entre Paris & Caïenne, trouvée par cette methode.

Et par diverses autres manieres, ayant examiné la difference des Meridiens, nous trouvons que les Observations varient entre 3h. 27'. & 3h. 42'. Nous pouvons prendre un milieu entre ces differences, puis que la maladie de M. Richer qui avança son retour, & la mort de M. Maurice qui arriva aprés le départ de M. Richer, ne permit pas de les verifier par les immersions des Satellites de Jupiter dans son ombre, ou par leur émersion, comme il avoit esté arresté. M. Picard la prend de 3h. 39'.

Observ. pag. 34.

Le doute de quelques minutes d'heures qui reste dans la difference des Meridiens ne fait aucun scrupule dans les hauteurs Meridiennes du Soleil qui ne varient jamais plus d'une seconde à chaque minute d'heure: ce qui n'arrive que vers les Equinoxes.

XV. *Des Ephemerides du Soleil réduites au Meridien de Caïenne au temps des Observations.*

Ayant verifié par ces Observations les fondemens de l'Astronomie, nous pouvons conferer les hauteurs du Soleil de chaque jour, & les déclinaisons qui en résultent, avec celles de nos Tables. Nous nous servirons des mesmes calculs qui furent faits par M. le Marquis Malvasie sur nos Tables pour l'an 1663. au Meridien de Bologne, le Soleil s'estant trouvé l'an 1672. au Meridien de Caïenne au mesme lieu du Zodiaque, auquel il s'estoit trouvé l'an 1663. au Meridien de Bologne, qui est plus Orientale que Paris de 39. minutes d'heures, sans qu'il eust autre difference que de peu de secondes: & nous ajoustons icy les Tables des réfractions, & des parallaxes, du Soleil & du demi-diametre dont nous nous sommes servis dans l'usage des Observations.

Voicy la de verification du retour du Soleil l'an 1672. sur le Meridien de Caïenne au mesme lieu du Zodiaque, auquel il avoit esté l'an 1663. sur le Meridien de Bologne.

D'une année à l'autre le Soleil retourne au mesme point du Zodiaque aprés 5h. 49'.

En huit années Juliennes il anticipe de 1. 28.

Donc en neuf années il retarde de 4. 21.

La difference des Meridiens entre Bologne & Paris $0^h. 35'$.

La difference des Meridiens entre Paris & Caïenne tirée des Observations suivantes du Soleil 3. 42.

Donc la difference des Meridiens entre Bologne & Caïenne par le Soleil est de $4^h. 21'$. égale au retardement du Soleil aprés neuf années, comme si cela avoit esté fait de concert.

On verra par le rapport des Observations suivantes avec les Ephemerides qui avoient esté publiées dés l'année 1662. que la difference de la déclinaison du Soleil ne monte pendant toute l'année qu'à peu de secondes, & que par consequent on s'en peut servir préferablement aux autres dans les operations d'Astronomie, de Geographie, & dans la navigation.

XVI. Usage des Ephemerides pour le rapport des Observations aux Tables.

Afin que l'on puisse plus aisément comparer les Observations faites en Caïenne avec les Tables, on a ajousté icy l'Ephemeride calculée pour l'an 1663. au Meridien de Bologne, qui sert pour
n. 15. l'an 1672. au Meridien de l'Isle de Caïenne, ayant réduit les jours de l'année commune à la bissextile, sans y faire autre changement. Il est vray que le mouvement de l'Apogée du Soleil dans l'intervalle de neuf années, qui, selon les hypotheses modernes, monte à neuf minutes & quelques secondes, demanderoit qu'on variast de quelques secondes le mouvement apparent du Soleil. Mais ayant examiné quelle difference résulte de cette variation dans les hauteurs Meridiennes, on a trouvé que vers les Equinoxes & vers les Solstices, elle ne monte pas à une seconde, & que dans les autres lieux du Zodiaque elle n'excede pas cinq secondes, qui sont insensibles dans les Observations; ce qui fait connoistre à mesme temps combien il est difficile de déterminer l'Apogée du Soleil à neuf ou dix minutes prés, puis que cette difference ne produit rien de sensible dans les Observations immediates. On a donc jugé à propos de ne rien changer à cette Ephemeride, mais de la donner telle précisément qu'elle avoit esté publiée l'an 1661. afin que l'employant de la maniere qu'elle avoit esté construite, & la comparant aux Observations qui ont esté faites en suite en Caïenne, on ait la satisfaction de voir, que nonobstant les difficultez qui s'estoient rencontrées dans la détermination des réfractions dans nos Climats qu'il avoit fallu employer dans l'usage des Observations qui avoient servi à construire les Tables, on avoit trouvé les regles du mouvement du Soleil si approchantes des veritables, que les mesmes Ephemerides faites pour un temps à un certain Meridien representent avec assez de justesse

justesse les Observations, aprés plusieurs années, sous un autre Meridien fort éloigné, & dans un Climat tout different, la difference du temps ayant esté récompensée par la difference des Meridiens.

On a conferé les déclinaisons du Soleil tirées de ces Ephemerides par le moyen de l'obliquité de l'Eclyptique qui avoit esté établie de vingt-trois degrez vingt-neuf minutes, avec les déclinaisons tirées des Observations de Caïenne corrigées par les réfractions & par les parallaxes de la Table & par le demi-diametre apparent du Soleil, tel qu'il est representé à chaque temps de l'année par la Table des demi-diametres qu'on a ajousté icy, & par la hauteur du Pole de Caïenne déterminée par les Observations des Solstices de 4. degrez 56'. 18". & on a trouvé plus de 40. Observations des hauteurs Meridiennes du Soleil en divers mois de l'année qui s'accordent avec les Tables à 10. ou 12. secondes prés.

XVII. Dénombrement des Observations qui s'accordent mieux avec les Tables.

Telles sont les Observations faites l'an 1672.

Le mois de Juin, les jours 9. 13. 15. 16. 17. 18. 19. 20. 25. 29. 30.

De Juillet de la mesme année le 5. 14. 29.

De Septembre, le 6. 12. 13. 14. 18. 29.

Le 1. d'Octobre.

De Décembre le 11. 14. 20. 22. 23.

Et de l'an 1673.

Du mois de Janvier, le 7. 10. 11. 20. 25.

De Fevrier, le 11. & le 28.

De Mars, le 15. 16. 23. 24. 25. 27. 31.

Le premier jour d'Avril, lors que le Soleil passa par le Zenit, & le jour suivant.

Ces Observations qui s'accordent si bien avec les Tables, sont à la verité entremeslées d'autres qui ne s'y accordent pas si exactement : néanmoins la difference ne monte presque jamais à une minute, & alors les intervalles aux Observations précedentes & suivantes qui s'accordent mieux aux calculs, rendent par leur irrégularité ces Observations suspectes de quelque petite erreur, qu'il est extrémement difficile d'éviter toûjours, quelque soin qu'on y apporte.

XVIII. Exemples du rapport des Observations aux Tables en deux hauteurs Meridiennes de suite ; une du bord du Soleil superieur Austral ; l'autre du bord inferieur Boreal par l'Octans, qui abbaissoit de 10. secondes.

1672.	Le 15. Juin le bord superieur Austral.				Le 16. Juin le bord inferieur Boreal.		
Hauteur du bord du Soleil	71ᵈ.	48'.	50''.		71ᵈ.	15'.	5''.
Pour la correction de l'Octans			10.				10.
Hauteur corrigée	71.	49.	0.		71.	15.	15.
Réfraction par la Table			19.				20.
Parallaxe du Soleil			3.				3.
Excés de la réfraction			16.				17.
Hauteur veritable du bord	71.	48.	44.		71.	14.	58.
Demi-diametre du Soleil à oster		15.	50.	à ajouster		15.	50.
Hauteur du centre	71.	32.	54.		71.	30.	48.
Hauteur du Pole	4.	56.	18.		4.	56.	18.
Distance du Soleil au Pole	66.	36.	36.		66.	34.	30.
Déclinaison du Soleil	23.	23.	24.		23.	25.	30.

Par l'Ephemeride.

Le lieu du Soleil	♊	25	3.	59.	♊	26.	1.	12.
L'obliquité de l'Eclyptique		23.	29.					
Déclinaison par le calcul		23.	23.	28.		23.	25.	24.
Par l'Observation réduite		23.	23.	24.		23.	25.	30.
Difference du calcul à l'Observation réduite		0.	0.	4.		0	0	6.

XIX. Au retour du Soleil, à deux hauteurs Meridiennes peu differentes des deux précedentes.

1672.	25. Juin.			5. Juillet.		
Hauteur du Boreal inferieur	71ᵈ.	16'.	30''.	71ᵈ.	56'.	40''.
Correction de l'Octans			10.			10.
Hauteur corrigée	71.	16.	40.	71.	56.	50.
Réfraction			20.			19.
Parallaxe			3.			3.
Excés de réfraction			17.			16.
Hauteur veritable du bord	71.	16.	23.	71.	56.	34.

Demi-diametre du Soleil		15.	50.		15.	51.
Hauteur du Centre	71.	32.	13.	72.	12.	25.
Hauteur du Pole	4.	56.	18.	4.	56.	18.
Diſtance au Pole	66.	35.	55.	67.	16.	7.
Déclinaiſon Boreale	23.	24.	5.	22.	43.	53.

Par l'Ephemeride.

Le lieu du Soleil	♋ 4.	23.	48.	♋ 14.	7.	32.
L'obliquité de l'Eclyptique	23.	29.				
Déclinaiſon Boreale	23.	24.	11.	22.	43.	58.
Difference à l'Obſervation réduite			6.			5.

XX. Proche du Zenit, où il n'y a point de réfraction ni de parallaxe.

1673. le 31. de Mars.

Hauteur du bord ſuperieur du Soleil	89^d.	52'.	10".
Correction de l'Octans			10.
Hauteur du bord corrigée	89.	52.	20.
Demi-diametre du Soleil		16.	5.
Hauteur du Centre	85.	36.	15.
Hauteur de l'Equinoxial	9.	3.	42.
Déclinaiſon Boreale	5.	32.	33.

Par l'Ephemeride.

Le lieu du Soleil	♈ 12.	26.	30.
L'obliquité de l'Eclyptique	23.	29.	
Déclinaiſon Boreale	5.	32.	27.
Difference à l'Obſervation réduite			5.

XXI. Proche de la plus grande diſtance Meridienne du Soleil au Zenit, où la réfraction eſt plus grande.

1672. le 22. Décembre.

Hauteur du bord ſuperieur du Soleil	61^d.	52'.	5".
Correction de l'Octans			10.
Hauteur corrigée	61.	52.	15.
Réfraction			31.
Parallaxe du Soleil			3.
Excés de réfraction			27.
Hauteur veritable du bord ſuperieur	61.	51.	48.
Demi-diamettre du Soleil		16.	23.
Hauteur du Centre	61.	35.	25.

Hauteur de l'Equinoxial	85	3.	42.
Déclinaiſon Auſtrale	23.	28.	17.

Par l'Ephemeride.

Le lieu du Soleil	♑	1.	45.	48.
L'obliquité de l'Eclyptique		23.	29.	
Déclinaiſon Auſtrale		23.	28.	17.

Préciſément comme par l'Obſervation réduite.

Dans cette derniere Obſervation, comme auſſi dans les quatre premieres que nous avons calculées, la déclinaiſon du Soleil, ſelon les hypotheſes de Tycho, eſt deux minutes & demie plus grande que par les meſmes Obſervations réduites, & la réduction eſtant faite ſelon les Elemens de Tycho, la déclinaiſon de ſes Tables excede quelquefois la déclinaiſon obſervée & réduite de 5. minutes, comme il paroiſt par l'exemple de la premiere de ces Obſervations réduite comme icy.

XXII. Exemple de la réduction des Obſervations à la Tychonicienne.

Le 15. Juin 1672.

Hauteur du bord ſuperieur Auſtral du Soleil corrigée	71.	49.	0.
Parallaxe Tychonicienne ſans mélange de réfraction			57.
Hauteur du bord ſuperieur réduite	71.	49.	57.
Demi-diametre du Soleil ſelon Tycho		15.	0.
Hauteur du Centre réduite	71.	34.	57.
Hauteur du Pole	4.	56.	18.
Diſtance au Pole	66.	38.	39.
Déclinaiſon par l'Obſervation réduite à la Tychonicienne	23.	21.	21.
Les Tables de Tycho la donnent	23.	26.	35.
Difference Tychonicienne		5.	14.
Noſtre difference eſtoit		0.	4.

Il paroiſt donc par ces exemples, que les Elemens par leſquels nous avons réduit les Obſervations faites en Europe pour la conſtruction des Tables, réduiſent avec la meſme juſteſſe les Obſervations faites en Amerique proche de l'Equinoxial : de ſorte qu'elles s'accordent à ce que donnent les Tables meſmes; ce que ne font pas les Elemens dont Tycho s'eſt ſervi dans la réduction des Obſervations.

TABLE

TABLE
DES REFRACTIONS
& des Parallaxes du Soleil.

Distance au Zenith.	*Hauteur.*	*Réfraction.*		*Parallaxe du Soleil.*	*Distance au Zenith.*	*Hauteur.*	*Réfraction.*		*Parallaxe du Soleil.*	*Distance au Zenith.*	*Hauteur.*	*Réfraction.*		*Parallaxe du Soleil.*
G	G	′	″	″	G	G	′	″	″	G	G	′	″	″
0	90	0	0	0	30	60	0	34	5	60	30	1	42	8
1	89	0	1		31	59	0	35		61	29	1	46	
2	88	0	2		32	58	0	37		62	28	1	51	
3	87	0	3		33	57	0	38		63	27	1	55	
4	86	0	4		34	56	0	40		64	26	2	0	
5	85	0	5		35	55	0	41		65	25	2	6	
6	84	0	6	1	36	54	0	43	6	66	24	2	12	
7	83	0	7		37	53	0	45		67	23	2	18	
8	82	0	8		38	52	0	47		68	22	2	25	
9	81	0	9		39	51	0	49		69	21	2	31	
10	80	0	10		40	50	0	50		70	20	2	39	
11	79	0	11		41	49	0	52		71	19	2	49	9
12	78	0	12	2	42	48	0	54		72	18	3	0	
13	77	0	13		43	47	0	56		73	17	3	11	
14	76	0	14		44	46	0	58		74	16	3	24	
15	75	0	16		45	45	0	59	7	75	15	3	38	
16	74	0	17		46	44	1	1		76	14	3	54	
17	73	0	18		47	43	1	3		77	13	4	12	
18	72	0	19	3	48	42	1	5		78	12	4	32	
19	71	0	20		49	41	1	7		79	11	4	58	
20	70	0	21		50	40	1	10		80	10	5	28	
21	69	0	22		51	39	1	12		81	9	6	4	
22	68	0	24		52	38	1	15		82	8	6	47	
23	67	0	25		53	37	1	18		83	7	7	44	
24	66	0	26	4	54	36	1	20		84	6	8	55	
25	65	0	27		55	35	1	23	8	85	5	10	32	
26	64	0	28		56	34	1	27		86	4	12	48	
27	63	0	30		57	33	1	30		87	3	16	6	
28	62	0	31		58	32	1	34		88	2	21	4	
29	61	0	33		59	31	1	38		89	1	27	56	
30	60	0	34	5	60	30	1	42		90	0	32	20	10

TABLE
DU DEMI-DIAMETRE DU SOLEIL.

Mois.	Jours.	Demi-diametre du Soleil.		Mois.	Jours.
Janvier.	0	16'	23''	Decembre.	28
	14	16	22		11
Janvier.	24	16	21	Decembre.	1
Fevrier.	1	16	20	Novembre.	22
	6	16	19		17
	10	16	18		13
	14	16	17		9
	19	16	16	Novembre.	4
	23	16	15	Octobre.	31
Fevrier.	27	16	14		27
Mars.	3	16	13		23
	7	16	12		19
	11	16	11		15
	14	16	10		12
	17	16	9		9
	20	16	8		6
	23	16	7	Octobre.	3
	27	16	6	Septembre.	29
Mars.	30	16	5		26
Avril.	4	16	4		22
	8	16	3		18
	11	16	2		15
	15	16	1		11
	19	16	0		7
	23	15	59	Septembre.	3
Avril.	28	15	58	Aoust.	29
May.	1	15	57		25
	5	15	56		21
	10	15	55		16
	16	15	54		10
	22	15	53	Aoust.	4
May.	30	15	52	Juillet.	27
Juin.	9	15	51	Juillet.	17
	28	15	50	Juin.	28

EPHEMERIDE DU SOLEIL

1672.

AU MERIDIEN DE L'ISLE DE CAÏENNE.

	Janvier. ☉ ♑				*Fevrier.* ☉ ♒				*Mars.* ☉ ♓				*Avril.* ☉ ♈		
Jours.	D	′	″	*Jours.*	D	′	″	*Jours.*	D	′	″	*Jours.*	D	′	″
1	11	11	31	1	12	43	52	0	10	56	31	0	11	41	49
2	12	12	42	2	13	44	40	1	11	56	33	1	12	40	47
3	13	13	53	3	14	45	27	2	12	56	33	2	13	39	43
4	14	15	4	4	15	46	13	3	13	56	31	3	14	38	37
5	15	16	15	5	16	46	59	4	14	56	27	4	15	37	29
6	16	17	26	6	17	47	43	5	15	56	21	5	16	36	19
7	17	18	36	7	18	48	26	6	16	56	13	6	17	35	7
8	18	19	45	8	19	49	8	7	17	56	3	7	18	33	53
9	19	20	54	9	20	49	49	8	18	55	51	8	19	32	37
10	20	22	2	10	21	50	28	9	19	55	37	9	20	31	19
11	21	23	10	11	22	51	5	10	20	55	21	10	21	29	59
12	22	24	17	12	23	51	39	11	21	55	3	11	22	28	37
13	13	25	23	13	24	52	11	12	22	54	43	12	23	27	14
14	24	26	28	14	25	52	41	13	23	54	21	13	24	25	50
15	25	27	32	15	26	53	8	14	24	53	56	14	25	24	24
16	26	28	35	16	27	53	33	15	25	53	29	15	26	22	56
17	27	29	37	17	28	53	56	16	26	52	59	16	27	21	26
18	28	30	39	18	29	54	17	17	27	52	28	17	28	19	54
19	29	31	41	19	0 ♓	54	36	18	28	51	55	18	29	18	18
20	0 ♒	32	43	20	1	54	54	19	29	51	20	19	0 ♉	16	40
21	1	33	44	21	2	55	10	20	0 ♈	50	43	20	1	15	0
22	2	34	45	22	3	55	25	21	1	50	4	21	2	13	18
23	3	35	44	23	4	55	39	22	2	49	24	22	3	11	35
24	4	36	43	24	5	55	42	23	3	48	42	23	4	9	51
25	5	37	41	25	6	56	4	24	4	47	58	24	5	8	5
26	6	38	37	26	7	56	14	25	5	47	12	25	6	6	17
27	7	39	32	27	8	56	22	26	6	46	24	26	7	4	27
28	8	40	26	28	9	56	28	27	7	45	34	27	8	2	35
29	9	41	19	29	10	56	51	28	8	44	42	28	9	0	42
30	10	42	11					29	9	43	47	29	9	58	47
31	11	43	2					30	10	42	50	30	10	56	50
								31	11	41	49				

EPHEMERIDE DU SOLEIL

1672.

AU MERIDIEN DE L'ISLE DE CAÏENNE.

Jours.	*May.* ☉ ♉			Jours.	*Juin.* ☉ ♊			Jours.	*Juillet.* ☉ ♋			Jours.	*Aoust.* ☉ ♌		
0	10	56	50	0	10	44	43	0	9	21	38	0	8	57	28
1	11	54	52	1	11	42	4	1	10	18	48	1	9	54	57
2	12	52	52	2	12	39	25	2	11	16	59	2	10	52	27
3	13	50	50	3	13	36	45	3	12	13	10	3	11	49	58
4	14	48	47	4	14	34	4	4	13	10	21	4	12	47	30
5	15	46	42	5	15	31	23	5	14	7	32	5	13	45	3
6	16	44	36	6	16	28	42	6	15	4	44	6	14	42	38
7	17	42	28	7	17	26	0	7	16	1	56	7	15	40	14
8	18	40	18	8	18	23	17	8	16	59	8	8	16	37	51
9	19	38	6	9	19	20	34	9	17	57	20	9	17	35	28
10	20	35	53	10	20	17	50	10	18	53	33	10	18	33	7
11	21	33	39	11	21	15	5	11	19	50	46	11	19	30	48
12	22	31	24	12	22	12	19	12	20	48	0	12	20	28	30
13	23	29	8	13	23	9	33	13	21	45	14	13	21	26	14
14	24	26	51	14	24	6	46	14	22	42	28	14	22	24	0
15	25	24	32	15	25	3	59	15	23	39	43	15	23	21	47
16	26	22	12	16	26	1	12	16	24	36	59	16	24	19	35
17	27	19	51	17	26	58	24	17	25	34	16	17	25	17	24
18	28	17	29	18	27	55	36	18	26	31	34	18	26	15	14
19	29	15	6	19	28	52	47	19	27	28	52	19	27	13	6
20	0 ♊	12	42	20	29	49	58	20	28	26	11	20	28	10	59
21	1	10	16	21	0 ♋	47	8	21	29	23	30	21	29	8	54
22	2	7	49	22	1	44	18	22	0 ♌	20	50	22	0 ♍	6	51
23	3	5	21	23	2	41	28	23	1	18	11	23	1	4	50
24	4	2	51	24	3	38	38	24	2	15	33	24	2	2	51
25	5	0	19	25	4	35	48	25	3	12	55	25	3	0	53
26	5	57	46	26	5	32	58	26	4	10	18	26	3	58	57
27	6	55	12	27	6	30	8	27	5	7	42	27	4	57	3
28	7	52	37	28	7 apog.	27	19	28	6	5	7	28	5	55	10
29	8	50	0	29	8	24	28	29	7	2	33	29	6	53	19
30	9	47	22	30	9	21	38	30	8	0	0	30	7	51	29
31	10	44	43					31	8	57	28	31	8	49	41

EPHEMERIDE DU SOLEIL

1672.

AU MERIDIEN DE L'ISLE DE CAÏENNE.

Jours.	*Septembre.* ⊙ ♍			Jours.	*Octobre.* ⊙ ♎			Jours.	*Novembre.* ⊙ ♏			Jours.	*Décembre.* ⊙ ♐		
0	8	49	41	0	8	10	48	0	9	2	34	0	9	21	41
1	9	47	55	1	9	10	1	1	10	2	48	1	10	22	40
2	10	46	12	2	10	9	17	2	11	3	5	2	11	23	40
3	11	44	31	3	11	8	36	3	12	3	24	3	12	24	41
4	12	42	51	4	12	7	57	4	13	3	44	4	13	25	42
5	13	41	12	5	13	7	19	5	14	4	5	5	14	26	44
6	14	39	35	6	14	6	42	6	15	4	27	6	15	27	47
7	15	38	0	7	15	6	7	7	16	4	51	7	16	28	49
8	16	36	27	8	16	5	35	8	17	5	16	8	17	29	51
9	17	34	56	9	17	5	5	9	18	5	42	9	18	30	54
10	18	33	27	10	18	4	37	10	19	6	11	10	19	31	58
11	19	32	0	11	19	4	11	11	20	6	43	11	20	33	3
12	20	30	35	12	20	3	47	12	21	7	18	12	21	34	9
13	21	29	12	13	21	3	25	13	22	7	55	13	22	35	16
14	22	27	52	14	22	3	5	14	23	8	33	14	23	36	24
15	23	26	34	15	23	2	48	15	24	9	13	15	24	37	33
16	24	25	18	16	24	2	32	16	25	9	55	16	25	38	42
17	25	24	3	17	25	2	18	17	26	10	38	17	26	39	51
18	26	22	49	18	26	2	6	18	27	11	22	18	27	41	1
19	27	21	37	19	27	1	55	19	28	12	7	19	28	42	12
20	28	20	27	20	28	1	47	20	29	12	53	20	29	43	24
21	29	19	19	21	29	1	41	21	0 ♐	13	44	21	0 ♑	44	36
22	0 ♎	18	13	22	0 ♍	1	38	22	1	14	30	22	1	45	48
23	1	17	9	23	1	1	38	23	2	15	20	23	2	47	0
24	2	16	8	24	2	1	40	24	3	16	11	24	3	48	12
25	3	15	10	25	3	1	43	25	4	17	3	25	4	49	24
26	4	14	14	26	4	1	47	26	5	17	56	26	5	50	36
27	5	13	20	27	5	1	52	27	6	18	50	27	6	51	49
28	6	12	28	28	6	2	9	28	7	19	46	28	7 perig.	53	2
29	7	11	37	29	7	2	10	29	8	20	43	29	8	54	15
30	8	10	48	30	8	2	21	30	9	21	41	30	9	55	28
				31	9	2	34					31	10	56	41

EPHEMERIDE DU SOLEIL 1673.

AU MERIDIEN DE L'ISLE DE CAÏENNE.

	Janvier.				*Fevrier.*				*Mars.*				*Avril.*		
	☉				☉				☉				☉		
Jours.	♑			*Jours.*	♒			*Jours.*	♓			*Jours.*	♈		
0	10	56	41	0	12	29	12	1	11	42	7	1	12	26	50
1	11	57	54	1	13	30	0	2	12	42	5	2	13	25	27
2	12	59	6	2	14	30	47	3	13	42	2	3	14	24	22
3	14	0	18	3	15	31	33	4	14	41	58	4	15	23	14
4	15	1	29	4	16	32	18	5	15	41	52	5	16	22	4
5	16	2	40	5	17	33	2	6	16	41	44	6	17	20	52
6	17	3	51	6	18	33	46	7	17	41	34	7	18	19	38
7	18	5	1	7	19	34	29	8	18	41	22	8	19	18	23
8	19	6	10	8	20	35	10	9	19	41	9	9	20	17	6
9	20	7	18	9	21	35	49	10	20	40	53	10	21	15	47
10	21	8	26	10	22	36	25	11	21	40	35	11	22	14	27
11	22	9	33	11	23	36	59	12	22	40	15	12	23	13	5
12	23	10	38	12	24	37	31	13	43	39	54	13	24	11	40
13	24	11	43	13	25	38	0	14	24	39	31	14	25	10	14
14	25	12	47	14	26	38	27	15	25	39	5	15	26	8	45
15	26	13	51	15	27	38	52	16	26	28	37	16	27	7	13
16	27	14	54	16	28	39	15	17	27	38	7	17	28	5	40
17	28	15	56	17	29	39	37	18	28	37	34	18	29	4	5
18	29	16	58	18	0 ♓	39	57	19	29	36	59	19	0 ♉	2	29
19	0 ♒	18	0	19	1	40	16	20	0 ♈	36	22	20	1	0	51
20	1	19	1	20	2	40	34	21	1	35	43	21	1	59	11
21	2	20	1	21	3	40	51	22	2	35	3	22	2	57	29
22	3	21	1	22	4	41	7	23	3	34	21	23	3	55	45
23	4	21	59	23	5	41	22	24	4	33	37	24	4	53	59
24	5	22	57	24	6	41	35	25	5	32	52	25	5	52	11
25	6	23	54	25	7	41	46	26	6	32	4	26	6	50	22
26	7	24	50	26	8	41	55	27	7	31	14	27	7	48	30
27	8	25	45	27	9	42	2	28	8	30	22	28	8	46	37
28	9	26	39	28	10	42	6	29	9	29	27	29	9	44	43
29	10	27	31					30	10	28	30	30	10	42	47
30	11	28	22					31	11	27	32				

XXIII. Réflexions sur la conformité des Ephemerides avec les Observations de Caïenne.

La conformité d'un tres-grand nombre d'Observations avec les hypotheses, est une preuve de la justesse des unes & des autres. Car il n'y a pas lieu de l'attribuer au hasard qui n'est jamais constant ni uniforme. Mais pour ne pas exiger par tout une conformité plus exacte que des Observations ne peuvent promettre, il est à propos d'examiner à quel degré de justesse elles peuvent parvenir. Pour juger à fonds de la justesse qu'on peut avoir dans les Observations de Caïenne, il faut considerer que le Sextans de six pieds de rayon avec lequel elles ont esté faites, donne les minutes de la grandeur d'un quart de ligne prise dans sa circonference, où les secondes n'occupent que la deux-cens-quarantiéme partie d'une ligne. La grosseur du cheveu bandé par le plomb qui pend du Centre pour marquer les hauteurs est la vingt-quatriéme partie d'une ligne, & elle occupe dix secondes tant dans la Circonference du Sextans, que dans les lignes transversales qui sont coupées obliquement, quoyqu'elles soient tirées à dessein d'augmenter les espaces pour mieux distinguer les minutes & les secondes. Il faudroit un instrument dont le rayon fust dix fois plus grand, c'est à dire de soixante pieds, pour avoir les secondes égales à l'épaisseur d'un cheveu ; & nous avons prouvé que par ces grands instrumens on apperçoit un tremblement dans l'image du Soleil causé par l'agitation de l'air, qui nuit à la précision qu'on esperoit de leur grandeur.

Il est aisé de comprendre combien il est difficile de s'asseurer des secondes tant dans la division de l'instrument, que dans la rectification qu'on en fait par deux Observations au Zenit ou à l'Horison, & dans chaque Observation particuliere, où l'on ne juge des secondes qu'à veuë d'œil, & à peu-prés ; toute la seûreté ne se trouvant pas dans les vis qu'on y employe quelquefois. Cette difficulté s'augmente dans les instrumens mobiles qui tournent sur un axe, dans lesquels on a éprouvé, qu'en le mouvant, la pesanteur cause un peu de contorsion, qui peut faire une difference de quelques secondes. Il est encore aisé de voir combien il est plus difficile que des hypotheses fondées sur d'autres Observations faites en divers temps, en divers lieux, & par divers instrumens, s'accordent, à quelques secondes prés, avec un grand nombre d'Observations nouvelles. Or puis que nous avons trouvé, que parmi les Observations des hauteurs Meridiennes du Soleil faites en Caïenne dans le cours d'une année, il y en a plus de quarante qui s'accordent, à 10. ou 12. secondes prés, avec celles qui sont tirées des Ephemerides calculées dix ou douze ans auparavant : il faut bien qu'il y ait de la justesse dans les unes & dans les autres, qui est mesme plus grande que l'on n'avoit osé esperer.

Il ne faut pas aussi s'étonner si on ne trouve pas toujours cette conformité si exacte. Les erreurs ausquelles les Observations sont sujettes ou par le defaut des instrumens & de leur application, ou par quelque disposition extraordinaire de l'air, peuvent estre arrivées tant aux Observations nouvelles, qu'à celles qui ont servi à établir les hypotheses.

On ne doit pas aussi rejetter la faute toute d'un costé : elle peut estre partagée, & estre indifferemment tantost plus d'un costé, tantost plus de l'autre. Le préjugé est ordinairement plus favorable aux Observations immediates qu'aux hypotheses qui s'en éloignent, parce que les hypotheses estant fondées sur un grand nombre d'autres Observations, elles peuvent estre chargées de toutes leurs erreurs, & de celles qu'on peut faire dans leur usage, & dans les consequences qu'on en a tirées. Mais il y a des cas où les erreurs des Observations immediates se manifestent, comme lors que comparant les précedentes aux suivantes, on trouve que les differences ont entre elles des irrégularitez extraordinaires, qui interrompent la suite uniforme qui se trouve dans les Observations plus exactes. L'Observation qui cause cette interruption est suspecte ; & on a lieu de luy attribuer principalement la difference qui est entre elle & l'hypothese dont elle s'éloigne, pendant que les Observations précedentes & suivantes s'y conforment.

On ne trouve gueres de ces differences dans les Observations de Caïenne. Parmi un si grand nombre de hauteurs Meridiennes du Soleil observées l'an 1672. & l'an 1673. il n'y en a que deux qui ont deux minutes moins que celles qui sont tirées des Ephemerides : l'une est du 19. Janvier, l'autre du 9. Fevrier 1673. dont les differences des hauteurs Meridiennes des jours précedens ont aussi presque deux minutes moins que les differences précedentes, quoy-qu'elles deussent plutost augmenter, parce que les differences des déclinaisons du Soleil en allant vers l'Equinoxe augmentent toujours.

Il y a en divers autres endroits des irrégularitez moins considerables dans les differences journalieres des hauteurs Meridiennes du Soleil : mais à la réserve des deux cas précedens, la difference qui se trouve entre ces hauteurs & ces Ephemerides n'excede que rarement une minute ; au lieu que les Tables Astronomiques qui avoient esté construites auparavant s'éloignent souvent de 4. ou 5. minutes des Observations réduites par les Elemens des mesmes Tables.

Il n'y a pas d'Elemens mieux établis dans l'Astronomie que ceux qui sont fondez sur un grand nombre d'Observations conformes

aux

aux hypotheses. Nous ferons icy le recit de ceux qui sont fondez sur les Observations qui s'y accordent le mieux ; & nous ne manquerons pas d'indiquer ce qui reste encore de douteux en quelques autres Elemens qui ne sont pas verifiez par une correspondance si exacte.

XXIV. Les Elemens des Tables du mouvement du Soleil confirmez par les Observations de Caïenne.

Les Tables d'où les Ephemerides précedentes ont esté tirées, furent dressées l'an 1660. lors qu'aprés cinq années d'Observations tres-exactes, on eut trouvé que les réfractions du Soleil & des Astres ne finissoient pas à 45. degrez de hauteur, comme on avoit supposé jusqu'alors ; mais qu'audessus de cette hauteur elles estoient encore de plus d'une minute, & qu'elles ne se terminoient qu'au Zenit.

Ayant donc réduit les Observations faites en Europe par cette hypothese pratiquée en deux manieres differentes, mais équivalentes entre elles dans nos Climats, dont l'une est celle à laquelle nous nous sommes arrestez aprés les Observations de Caïenne, qui employe pendant toute l'année les réfractions de la Table que nous avons donné icy, & des parallaxes peu differentes de celles que nous avons ajoustées dans la mesme Table ; nous trouvasmes qu'il n'estoit pas necessaire de rien changer aux Epoques du moyen mouvement & de l'Apogée du Soleil des Tables Rudolphines.

Le moyen mouvement du Soleil pour le premier de Janvier de l'an 1660. au Meridien de Bologne fut placé à dix degrez 46'. 27". du Capricorne, qui au Meridien de Paris reviennent à dix degrez 48'. 0". & l'Apogée du Soleil au commencement de la mesme année à six degrez 45' de Cancer.

Mais on fut obligé de diminuer l'excentricité du Soleil donnée par les Tables Rudolphines, de sa dix-huitiéme partie, la faisant de 17. milliesmes de la moyenne distance du Soleil à la Terre ; au lieu que Kepler, dans les Rudolphines, la suppose de 18. milliesmes. Ainsi toutes les équations du mouvement du Soleil données par les mesmes Tables, comme fondées sur l'excentricité, furent diminuées en mesme proportion.

Kepler avoit distribué l'inégalité du Soleil en deux parties : l'une optique, qui résulte de l'excentricité à cause de la Perspective ; l'autre physique ou réelle, qui est un effet naturel d'acceleration veritable à mesure que la distance du Soleil à la Terre diminuë, & d'un retardement réel à mesure que cette distance augmente : ce qui avoit déja esté établi dans les Planetes superieures, & dans Venus par Ptolomée. Cette distinction ayant esté verifiée dans la construction de nos Tables par la comparaison de la variation apparente du diametre du Soleil depuis l'Apogée jusqu'au Perigée avec l'acceleration apparente de son mouvement laquelle se fait en mesme temps, on trouva que la vistesse apparente du Soleil augmente en proportion double de l'augmentation de son diametre apparent : de sorte que quand le diametre du Soleil en passant de l'Apogée vers le Perigée augmente de sa trentiéme partie, le mouvement apparent augmente de deux trentiémes, dont l'une est optique, & vient de la mesme cause qui fait l'augmentation apparente du diametre du Soleil ; & l'autre par consequent est physique, à peu prés égale à l'optique.

Dans la réduction des Observations de Caïenne nous avons employé le demi-diametre du Soleil dont la variation est seulement optique ; & dans les Ephemerides que nous avons comparées avec les Observations, nous avons employé deux inégalitez du mouvement, l'une optique, & l'autre physique ; & cela a bien réüssi. Ces Observations peuvent donc servir à confirmer cette distinction, quoy-qu'elles ne soient pas par tout si précisément conformes au calcul, qu'elles suffisent à démontrer que l'inegalité physique soit précisément aussi grande que l'optique.

Tous les autres Elemens se verifient ensemble par un grand nombre d'Observations faites en Caïenne en divers temps de l'année : mais celles qui furent faites prés des moyennes longitudes sur la fin de Septembre & au commencement d'Octobre de l'année 1672. à la fin de Mars & au commencement d'Avril de l'an 1673. sont les plus propres pour verifier le moyen mouvement & l'excentricité du Soleil. Elles verifient ces deux Elemens tels qu'ils sont posez dans les Tables, parce que ces Observations s'y accordent en l'un & l'autre temps à quelques secondes prés. Ajoustant à ces Observations celles du 15. & du 28. Juillet, & celles du 20. 21. 23. & 25. de Janvier qui sont éloignées des moyennes distances, & qui s'accordent aussi avec les Ephemerides, à quelques secondes prés, on a la confirmation de la juste situation de l'Apogée ; & toutes ces Observations ensemble confirment la maniere de distribuer l'inégalité du Soleil par diverses parties de son cercle annuel, quoy-qu'aux autres temps de l'année les Observations ne s'accordent pas toûjours si précisément avec les Ephemerides, que cette distribution se trouve juste par tout jusqu'aux secondes : de-sorte que pour representer avec la mesme exactitude toutes les Observations des autres temps de l'année, il faudroit trouver une maniere de distribuer les inégalitez differente de celle qui est employée par tous les Astronomes. Mais comme ces Ephemerides, telles qu'elles sont, representent une grande partie des Observations faites en diverses saisons de l'année à une sixiéme de minute prés, & toutes les autres qui sont exemptes de plus grands doutes à une minute prés, il nous suffira d'estre persuadez par ces Observations, que ces Ephemerides donnent toûjours les Declinaisons du Soleil à une minute prés; ce qui suffit pour l'usage de la Geographie, & de la Navigation, & pour la pluspart des operations Astronomiques.

Pour ce qui est des Observations proche des Solstices de l'esté & de l'hyver qui s'accordent parfaitement avec les Tables, elles confirment l'obliquité de l'Ecliptique (qui est la clef de toute l'Astronomie) telle qu'elle avoit esté établie, de 23. degrez 29. minutes.

XXV. Des Demi-diametres du Soleil.

Comme dans les Observations des hauteurs meridiennes faites en Caïenne on a pris tantost le bord Septentrional du Soleil, & tantost le bord Austral, on a esté obligé de donner la Table des demi-diametres apparens du Soleil tels qu'on les trouve toute l'année par le moyen de la lunette, afin de trouver les hauteurs du centre, ajoustant ou ostant le demi-diametre à celles des bords.

Le quinziéme de Juin 1672. M. Richer observa en Caïenne la hauteur du bord Austral du Soleil, qui à son égard estoit le superieur; & le jour suivant il observa celle du bord Austral qui estoit l'inferieur en Caïenne & le superieur à Paris: & neanmoins l'une & l'autre Observation s'accordent avec les Tables, à 4. ou 6. secondes prés, la reduction estant faite en ostant le demi-diametre du Soleil dans la premiere Observation, & l'ajoustant dans la seconde tel qu'il se trouve dans la Table des demi-diametres que nous avons icy ajoustée. On peut dire que cette Table s'accorde avec les Observations de Caïenne dans la précision que l'Octans avec lequel elles furent faites les peut donner en deux hauteurs meridiennes de deux jours de suite.

Les demi-diametres de cette Table sont tels qu'on les trouve en mesurant par un Micrometre l'image du Soleil faite à un foyer de la lunette, & la comparant à la distance de l'image à un point de l'objectif, où elle fait un angle égal à celuy que le Soleil fait au dehors. On trouve ce point par les principes de la Dioptrique dans l'axe du verre à peu prés à la troisieme partie de son epaisseur prise du costé de l'objet, lors que le verre est également convexe des deux costez, comme on les fait le plus souvent.

La proportion du diametre de cette image bien terminée, à la distance de ce point, donne donc l'angle égal à celuy du diametre apparent du Soleil. On ſuppoſe dans cette methode que les rayons qui viennent d'un ſeul point de la circonference du Soleil à toute l'ouverture de la lunette aprés deux réfractions dans les deux ſurfaces du verre, vont s'unir dans un ſeul point de la circonference de l'image; car s'ils ne s'uniſſent pas dans un point, mais ſeulement dans un petit cercle, le diametre de l'image eſt augmenté du diametre du petit cercle formé par la divarication des rayons qui viennent du meſme point du Soleil. Il eſt vray que cette union ne ſe fait pas dans un point indiviſible, puis qu'on ſçait aſſez que la figure ſpherique qui eſt celle qu'on taſche de donner aux verres objectifs, comme celle qu'on peut former plus exactement, n'unit pas les rayons paralleles à un point; de ſorte qu'à la rigueur cette image eſt un peu amplifiée par la divarication des rayons; mais cette divarication paſſe pour imperceptible lors que l'image paroiſt bien nette & bien coupée faiſant voir l'experience qu'on peut allonger de quelques lignes une grande lunette ſans nuire à la netteté de l'image: quoy qu'il ſoit certain que les rayons coupez au-deçà ou au-delà de leur concours forment l'image plus grande que dans le concours.

Mais comme cette augmentation qui ſe fait au-deçà & au-delà du concours eſt d'autant plus petite que l'ouverture qu'on donne au verre objectif eſt plus étroite, non ſeulement on prend garde de ne laiſſer pas à ce verre une ouverture ſi grande qu'elle cauſe de la confuſion dans les images qu'elle forme au foyer; mais on a ſoin en meſurant ces diametres de ne laiſſer qu'une ouverture plus petite qu'à l'ordinaire. On meſure auſſi le diametre du Soleil par la lunette en meſurant le temps que ſon image employe en paſſant par le filet perpendiculaire à la ligne de ſon mouvement vers l'Occident, donnant à une minute de temps 15. minutes, & à une ſeconde 15. ſecondes, lors que le Soleil eſt dans l'Equinoxial: mais lors que le Soleil decline de l'Equinoxial, on conſidere ces minutes & ſecondes dans le parallele qui convient à la déclinaiſon, lequel eſt un moindre cercle; & on le réduit aux minutes & ſecondes d'un grand cercle. Et dans cette methode non ſeulement il faut avoir la meſme circonſpection que l'image ſoit dans le foyer, car ſi elle eſt un peu éloignée, elle eſt amplifiée, & met un peu plus de temps à paſſer; mais il faut avoir une attention particuliere à compter le battement de la pendule, choiſiſſant les obſervations dans leſquelles il arrive que la pendule bat à l'inſtant que l'image du Soleil arrive au fil, & à l'inſtant qu'elle le quitte, de peur qu'il n'y ait quelque demi-ſeconde d'erreur, qui dans le diametre feroit une erreur de 7. ou 8. ſecondes.

Tels ſont les demi-diametres marquez dans la petite Table à divers

divers jours de l'année, qui sont un peu plus grands que les demi-diametres qu'on trouve lors qu'on les mesure par l'image du Soleil faite par les rayons qui passent par un trou ouvert & se terminent à une surface opposée, en rabatant pourtant le diametre de l'ouverture du trou.

Dans cette methode il y a de la diminution dans l'image du Soleil ; parce que la circonference de l'image est formée par les seuls rayons qui viennent d'un point de la circonference du Soleil passant par un point de la circonference du trou, qui ne font pas dans l'image une circonference perceptible comme celle qui est formée dans l'autre methode par les rayons qui viennent d'un point de la circonference du Soleil à toute l'ouverture du verre, & s'unissent dans un point de la circonference de l'image, où par leur union ils forment un point tres-perceptible. Mais la circonference de l'image qui passe par un trou, n'est sensible qu'à l'endroit où il y a des rayons qui viennent d'une largeur considerable au dedans du limbe du Soleil: ainsi elle est diminuée. Telle est celle qui s'observe dans la grande Meridienne de Bologne, laquelle reecevant le Soleil par une petite ouverture faite dans la voute de la grande Eglise de Saint Petrone, donne le diametre du Soleil aprés que le diamettre de l'ouverture du trou a esté rabatu, toûjours plus petit qu'on ne le trouve par la lunette: ce qui pourtant ne nuisoit point aux Observations du centre du Soleil, parce qu'on déterminoit le centre par l'observation de l'un & de l'autre bord faite de la mesme maniere. Ainsi l'image estant également accourcie de costé & d'autre, le vray centre restoit au milieu entre les bords sensibles.

La difference entre l'une & l'autre maniere n'est pas petite, estant presque la cinquante-sixiéme partie de tout le demi-diametre du Soleil : de-sorte que si l'on veut avoir par cette Table le demi-diametre du Soleil comme on le trouvoit par l'image du Soleil formée par un trou ouvert, & corrigée en ostant le demi-diametre de l'ouverture, il faut oster du demi-diametre du Soleil sa cinquante-cinquiéme partie en tous les temps de l'année ; & on l'aura tel que nous le trouvions par cette methode.

XXVI. Recherche de la parallaxe du Soleil par le moyen de celle de Mars observé à mesme temps à Paris & en Caïenne.

Toutes les Observations Astronomiques faites depuis quelque temps pour trouver la proportion du demi-diametre de la terre à la distance des Planetes, avoient fait connoistre qu'elle n'est bien sensible qu'à l'égard de la Lune, dont la parallaxe, lors que la Lune est le plus proche de la terre, est de plus d'un degré, & se peut trouver en plusieurs manieres à une minute prés. Mais la parallaxe des autres Planetes est si petite, qu'on a beaucoup de peine à la déterminer par les Observations les plus exactes. On avoit déja perdu entierement l'esperance de la pouvoir observer immediatement dans les Planetes plus éloignées, & il ne restoit qu'à essayer si on ne la pouvoit pas trouver dans les autres, lors qu'elles sont plus proches de la terre.

Dans les hypotheses de Copernic & de Tycho qui déterminent la proportion des distances de toutes les Planetes qui sont audessus de la Lune, par les seules apparences de leur mouvement, il suffit de déterminer par les Observations immediates la distance d'une seule Planete, pour en tirer par le calcul celles de toutes les autres.

Il faudroit commencer par la distance du Soleil à la terre, à laquelle les Astronomes modernes comparent la distance de toutes les autres Planetes au Soleil. Mais la parallaxe du Soleil n'est pas la plus facile à déterminer : car outre qu'il n'est jamais si proche de la terre que le sont quelquefois Mars, Venus, & Mercure; on ne le voit point ordinairement parmi les Etoiles fixes avec lesquelles on le puisse comparer de divers endroits de la terre, ou d'un mesme lieu à diverses heures du jour; qui sont les manieres les plus seûres de trouver les parallaxes. La Planete sur laquelle on peut faire le plus de fondement pour cette recherche est celle de Mars, qui dans ses oppositions avec le Soleil est toûjours plus proche de la terre que le Soleil mesme, & peut alors estre comparé avec les Etoiles fixes à toutes les heures de la nuit. Parmi toutes les oppositions de Mars au Soleil, la plus favorable pour cette recherche est celle qui arrive lors que Mars est proche du Perigée de son excentrique, comme fut celle de l'an 1672. On avoit calculé que la difference de la parallaxe de Mars qui convient à la distance des paralleles de Paris & de Caïenne, estoit alors une fois & deux tiers aussi grande que la parallaxe du Soleil. C'est pourquoy on fit de concert plusieurs Observations dans l'un & dans l'autre lieu pour trouver cette difference.

XXVII. Premiere methode de l'Observation de la parallaxe de Mars.

La meilleure methode pour chercher la parallaxe de Mars par la correspondance des Observations faites à Paris & en Caïenne, auroit esté d'observer par la Lunette la conjonction précise de cette Planete avec une Etoile fixe. Car si cette conjonction avoit esté veüe de l'un & de l'autre lieu au mesme instant & précisément de la mesme maniere sans aucune distance, c'eust esté une marque qu'il n'y avoit point de parallaxe sensible. S'il y en avoit eû quelque peu, à linstant que Mars auroit paru toucher par son bord superieur une Etoile fixe en Caïenne, il auroit paru à Paris un peu éloigné de la mesme Etoile vers l'Horison; & quand il auroit paru à Paris toucher l'Etoile par son bord inferieur, il auroit paru en Caïenne éloigné de la mesme Etoile vers le Zenit; & cette distance veûë d'un lieu & non pas de l'autre, auroit esté attribuée à la parallaxe.

Cette occasion de la conjonction précise de Mars avec une Etoile fixe veûë en mesme temps de l'un & de l'autre lieu, ne s'estant pas presentée; nous avons cherché des hauteurs Meridiennes de Mars à peu prés égales à des hauteurs Meridiennes des Etoiles fixes qui en estoient proches, observées les mesmes jours à Paris & en Caïenne. Mais parce que le passage de Mars par le Meridien de Caïenne arrivoit trois heures & deux tiers aprés son passage par le Meridien de Paris, & que dans cét intervalle de temps le mouvement particulier de Mars faisoit varier sa déclinaison & sa hauteur Meridienne dans le mesme parallele, il a fallu sçavoir de combien estoit cette variation dans une révolution journaliere de Mars: ce que l'on a trouvé en comparant ensemble les hauteurs Meridiennes de Mars prises dans le mesme lieu les jours précedens & les suivans; & par le moyen du calcul on a tiré la partie proportionnelle deûë à la difference des Meridiens pour sçavoir quelle estoit la hauteur Meridienne de Mars au parallele de Caïenne au mesme temps qu'il passoit par le Meridien de Paris. Ainsi nous avions la hauteur Meridienne de Mars comme elle devoit paroistre en un troisiéme lieu, qui est sous le Meridien de Paris, & sur le parallele de Caïenne; & la comparant à la hauteur d'une Etoile fixe qui se rencontroit à peu prés dans le parallele de Mars, nous trouvions en quel parallele du Ciel Mars estoit veû du parallele de Caïenne à l'instant de son passage par le Meridien de Paris; & comparant aussi la hauteur Meridienne de Mars veuë à Paris avce celle de la mesme Etoile fixe, nous trouvions le parallele du Ciel dans lequel Mars estoit veû de Paris. Si le parallele du Ciel avoit esté précisément le mesme que celuy dans lequel Mars estoit veû au mesme temps du parallele de Caïenne, Mars n'auroit point eû de parallaxe sensible. Il falloit que Mars parust à Paris plus meridional que dans le parallele de Caïenne, pour avoir de la parallaxe.

XXVIII. Choix d'une Etoile fixe pour comparer avec elle Mars à Paris & en Caïenne, proche de son opposition au Soleil.

Le 5. Septembre 1672. trois jours avant l'opposition du Soleil à Mars, nous observasmes à Paris trois Etoiles dans l'Eau d'Aquarius marquées par Bayerus ♆, vers lesquelles Mars alloit par son mouvement particulier retrograde, de-sorte que l'on jugeoit qu'il en auroit pû cacher une. Il estoit alors un peu plus septentrional que la plus septentrionale des trois. On prit la hauteur Meridienne de celle-cy qui passoit la premiere; & celle de la moyenne vers laquelle le mouvement particulier de Mars s'adressoit.

La hauteur Meridienne de la précedente plus boreale fut trouvée de 30^d. 19. 45.

La moyenne passa aprés la précedente 2'. 8". d'heure.

Et la hauteur Meridienne de la moyenne fut de 30. 14'. 0".

Le 7. de Septembre & les jours suivans M. Richer observa en Caïenne la hauteur Meridienne d'une de ces fixes marquées par Bayerus ♆ dans la constellation d'Aquarius, de 74^d. 12'. 30".

Et ayant corrigé l'erreur du Sextans qui abbaissoit de 10.

La vraye hauteur de cette Etoile fut 74. 12. 40.

Il est constant que cette Etoile fixe est la précedente des trois, parce que cette hauteur Meridienne prise en Caïennne excede la hauteur Meridienne de la précedente observée à Paris, de la difference des hauteurs du Pole de Paris & de Caïenne, la correction des deux hauteurs estant faite par la réfraction selon la Table, au lieu que la difference entre la hauteur Meridienne observée en Caïenne & celle de la moyenne de ces Etoiles observée à Paris est de six minutes plus grande que la difference des hauteurs du Pole, qui est aussi la difference des hauteurs de ces deux Etoiles à Paris. Ce qui fut confirmé en suite par la conjonction de Mars avec la moyenne veuë à Paris le premier d'Octobre suivant, la hauteur Meridienne de Mars par l'Observation de M. Richer réduite, se trouvant de six minutes moindre que la hauteur Meridienne de celle de ces trois Etoiles qu'il avoit observée: ce qu'il a fallu remarquer pour la verification de cette Etoile, qui est la seule des trois marquées ♆, dont nous avons la hauteur Meridienne observée en Caïenne.

XXIX. Premiere recherche de la parallaxe de Mars.

En Caïenne.

Le 4. Septembre 1672. hauteur Meridienne du bord superieur de Mars corrigée 74^d. 48. 55.

Le 5. Septembre hauteur Meridienne du mesme bord 74. 44. 20.

Difference entre les deux hauteurs 4. 35.

Partie proportionnelle deuë à la difference des Meridiens entre Paris & Caïenne de 3^h. 40'. 42.

Le

Le 5. Septembre, hauteur Meridienne du bord ſuperieur de Mars au parallele de Caïenne ſous le Meridien de Paris 74. 45. 2.

Pour une plus grande verification de cette partie proportionnelle nous avons examiné les differences entre les hauteurs Meridiennes des jours précedens & des jours ſuivans, d'où nous avons tiré les differences de huit en huit heures.

Diſtribution des differences.

Jours.	*Differences des hauteurs Meridiennes.*		*Jours.*	*Heures de ♂.*	*Differences.*		*Differences.*	*Sommes.*
3	4'	45''	3	0	1'	36		
4	4	35	3	8	1	35	1	4. 45
5	4	15	3	16	1	34	1	
6			4	0			1	
			4	8	1	33	1	4. 35
			4	16	1	32	2	
			5	0	1	30		
			5	8	1	28	2	4. 15.
			5	16	1	25	3	
			6	0	1	22	3	

Et comme la partie proportionnelle trouvée par cette methode, s'accorde avec la précedente à une ſeconde prés, il n'eſt pas neceſſaire d'y rien changer.

Hauteur Meridienne de la précedente des trois dans l'eau d'Aquarius au parallele de Caïenne 74ᵈ. 12'. 40''.

Celle du bord ſuperieur de Mars 74. 45. 2.

Difference, qui eſt l'élevation du bord ſuperieur de Mars ſur le parallele de cette Etoile en Caïenne 32'. 22''.

A Paris.

Le 5. Septembre la hauteur Meridienne du bord ſuperieur de Mars fut obſervée de 30ᵈ. 51. 55.

La hauteur de l'Etoile fixe précedente des trois dans l'eau d'Aquarius 30. 19. 45.

La difference, qui eſt l'élevation du bord ſuperieur de Mars au-deſſus du parallele de l'Etoile fixe à Paris 32. 10.

Mais elle parut alors au parallele de Caïenne 32. 22.

Difference 12.

Mars parut donc moins élevé à Paris qu'au parallele de Caïenne de douze ſecondes.

XXX. *Seconde recherche de la parallaxe de Mars.*

En Caïenne.

Le 8. Septembre 1672. jour de l'opposition du Soleil à Mars, la hauteur Meridienne du bord superieur de Mars fut observée 74. 31. 45.

Le 9. Septembre, hauteur meridienne du mesme bord 74. 28. 10.

Difference entre les deux hauteurs 3. 35.

Partie proportionnelle deûë à la difference des Meridiens entre Paris & Caïenne 33.

Le 9. Septembre, hauteur Meridienne du bord superieur de Mars au parallele de Caïenne sous le Meridien de Paris 74. 28. 43.

Hauteur de l'Etoile fixe précedente dans l'eau d'Aquarius 74. 12. 40.

Difference, ou élevation du bord superieur de Mars sur le parallele de cette Etoile 16. 3.

A Paris.

Le 9. Septembre, la hauteur Meridienne du bord superieur de Mars fut observée 30. 35. 35.

La hauteur de l'Etoile fixe précedente dans l'eau d'Aquarius 30. 19. 45.

Difference, ou élevation du bord superieur de Mars sur le parallele de cette Etoile 15. 50.

Au mesme temps au parallele de Caïenne 16. 3.

Difference 13.

Mars parut donc moins élevé à Paris qu'au parallele de Caïenne, de treize secondes.

XXXI. *Troisiéme recherche de la parallaxe de Mars.*

En Caïenne.

Le 23. Septembre 1672. hauteur Meridienne du bord superieur de Mars 73. 57. 25.

Le 24. hauteur Meridienne du mesme bord 73. 57. 10.

Difference entre les hauteurs 15.

Partie proportionnelle deûë à la difference des Meridiens de Paris & de Caïenne. 2.

Le 24. Septembre, hauteur Meridienne du mesme bord au Meridien de Paris & au parallele de Caïenne 73. 57. 12.

Hauteur Meridienne de la précedente dans l'eau d'Aquarius 74. 12. 40.

Difference, qui est l'abbaissement du bord superieur de Mars audessous du parallele de cette Etoile 15. 28.

A Paris.

Le 24. Septembre, la hauteur Meridienne du bord superieur de Mars fut observée 30. 4. 0.

Hauteur de l'Etoile fixe précedente dans l'eau d'Aquarius 30. 19. 45.

Difference, ou abbaissement du bord superieur de Mars audessous du parallele de cette Etoile. 15. 45.

Au parallele de Caïenne il parut 15. 28.

Mars parut donc alors plus bas à Paris qu'au parallele de Caïenne, de 17″.

XXXII. *Comparaison des trois recherches précedentes.*

On a trouvé Mars plus bas au parallele de Paris qu'à celuy de Caïenne en mesme temps par la premiere recherche, de 12″. par la seconde, de 13″. par la troisiéme, de 17″. On devoit trouver la troisiéme plûtost moindre que plus grande, parce que Mars estoit un peu plus éloigné de la terre le 24. Septembre, que le 5. & le 9. lors qu'il estoit plus proche de l'opposition.

Ainsi cette augmentation doit estre attribuée à un defaut imperceptible des Observations qu'il est plus seur de partager également entre la seconde & la troisiéme, faisant la difference 15″. à un temps moyen entre le 9. & le 24. de Septembre, comme entre le 16. & le 17. du mesme mois.

Dans la derniere recherche le bord superieur de Mars à Paris fut 15′. 45″. audessous du parallele de l'Etoile fixe; & dans la seconde recherche il avoit esté audessus de ce mesme parallele 15′. 50″. Au temps moyen entre les deux il a deû estre dans le mesme parallele à Paris, & paroistre de quinze secondes plus élevé à Caïenne suivant les Observations rapportées cy-dessus. Ainsi lors que la hauteur Meridienne du bord superieur de Mars fut

		Complements ou distances du Zenit.
A Paris	30ᵈ. 19′. 45″.	59ᵈ. 40′. 15″.
Au parallele de Caïenne elle fut	74. 12. 55.	15. 47. 5.

XXXIII. Calcul abregé de la parallaxe horizontale de Mars.

Distances apparentes du bord superieur de Mars au Zenit

En Caïenne	15.	47.	5.	Sinus	27202.
A Paris	59.	40.	15.	Sinus	86314.
Difference des Sinus					59112.

Comme la difference des Sinus est au rayon 100000.

Ainsi la difference des parallaxes $15''$. est à $25''\frac{1}{3}$ parallaxe horizontale de Mars.

XXXIV. Seconde methode de chercher la parallaxe de Mars.

La mesme année 1672. vers le temps de l'opposition de Mars au Soleil, nous cherchasmes la parallaxe de Mars par la methode que nous avons employée pour trouver celle de la Comete de l'an 1680.

Nous observions à Paris aux mesmes heures de diverses nuits la difference de l'ascension droite entre Mars & les Etoiles fixes prochaines qui se rencontroient dans sa route, pour trouver les variations journalieres de son ascension droite & leurs inégalitez, & en tirer les veritables variations horaires. Nous l'observions aussi à diverses heures de chaque nuit, environ quatre heures avant son passage par le meridien, & quatre heures aprés, pour trouver la variation apparente, qui devoit estre differente de la veritable à cause de la parallaxe. Elle devoit estre plus grande, parce que Mars estant alors retrograde, comme il arrive toûjours vers les oppositions avec le Soleil, la variation de son ascension droite se faisoit vers l'Occident, & que la parallaxe dans la revolution journaliere accelere le mouvement des Planetes d'Orient en Occident.

La difference entre la variation apparente & la veritable estoit donc la parallaxe de l'ascension droite qui convenoit à l'intervalle de temps entre les Observations, au parallele de Mars, & au parallele de Paris; & elle servoit à trouver la parallaxe équinoxiale, qui repond au demi-diametre de la terre, de la maniere que nous avons expliquée dans le Traité de la Comete.

Entre deux Observations faites à huit heures l'une de l'autre, à peu prés à distance égale du meridien de costé & d'autre vers les oppositions de Mars au Soleil, nous trouvions le plus souvent deux secondes de temps de difference entre la variation apparente & la veritable: d'où nous tirions par la methode expliquée dans le Traité de de la Comete, la parallaxe de Mars de 24. à 27. secondes, lors que la distance de Mars à la terre estoit à la moyenne distance du Soleil à la terre comme 1. à $2\frac{1}{3}$, ou comme 1. à $2\frac{1}{4}$.

Le 9. Septembre 1672. la nuit mesme de l'opposition de Mars au Soleil, Mars estoit proche de deux petites Etoiles disposées selon son parallele, qui servirent pour les Observations de plusieurs jours. Ces Observations donnerent la variation journaliére de l'ascension droite de Mars entre le 8. & le 9. Septembre de $67''\frac{1}{2}$ de temps; entre le 9. & le 10. de $66\frac{1}{4}$: Et le 9. entre $8^h. 36'$. & $15^h. 56'$. la variation apparente de l'ascension droite fut de $21''\frac{1}{2}$; la variation veritable tirée des mouvemens journaliers fut de $19''\frac{3}{4}$; & la difference, qui est l'acceleration apparente causée par la parallaxe, fut de $1''\frac{3}{4}$. Mars passa par le meridien à $12^h. 8'$. c'est à dire 3^h. 32. aprés la premiere Observation, & $3^h. 48'$. avant la seconde. La déclinaison de Mars estoit de $10^d. 34'$. Le parallele de l'Observatoire est éloigné du Pole de $41^d. 10'$. Sur ces élemens ayant fait le calcul comme dans le Traité de la Comete, la parallaxe de Mars qui répond au demi-diametre de la terre résulte de $24''\frac{1}{4}$.

Le 16. Septembre, Mars s'estant approché d'une autre petite Etoile qui estoit un peu plus meridionale, nous trouvasmes par le moyen de cette Etoile la variation journaliere de son ascension droite entre le 16. & le 17. de $61\frac{1}{2}$; & entre le 17. & 18. de $59''\frac{1}{4}$.

Le 17. entre $7^h. 2'$. & $15^h. 3'$. il y eut $22''\frac{1}{2}$ de variation apparente de l'ascension droite, & la variation veritable tirée des mouvemens journaliers fut de $20''\frac{1}{2}$. Il y eut donc $2''$. de difference de temps en huit heures & une minute, entre la premiere & la seconde Observation. Mars passa par le Meridien à $11^h. 26'$: sa déclinaison Australe estoit de 11. degrez: le parallele de l'Observatoire $41^d. 10'$. Le calcul estant fait, la parallaxe de Mars qui répond au demi-diametre de la terre fut trouvée de $27''\frac{1}{2}$. Elle devoit estre plûtost un peu plus petite que la précedente, puis que Mars estoit un peu plus éloigné de la terre; mais elle résulte un peu plus grande à cause de la difficulté extrême de déterminer ces differences avec la derniere précision.

Nous continuasmes de la mesme maniere cette recherche jusqu'à la fin de Septembre de l'année 1672. estant accompagnez de MM. Romer & Sedileau, qui nous aidoient à ces Observations. Car comme la difference que nous trouvions entre les variations apparentes & les veritables, n'estoit que d'une ou de deux secondes de temps, il fallut un grand nombre d'Observations qui donnassent le plus souvent à peu prés la mesme chose, pour estre persuadez que cette difference venoit de la parallaxe & non pas de quelque defaut des Observations, qui sont d'ailleurs sujetes à de semblables differences, & mesme

L

quelquefois à de plus grandes. D'où il est arrivé quelquefois qu'on n'a pas trouvé de difference entre les mouvemens horaires apparens & les veritables; & quelquefois on a trouvé quelque peu de difference contraire à l'effet de la parallaxe. On s'arrestoit à ce que l'on trouvoit plus souvent, & par des Observations plus choisies. La parallaxe de Mars qu'on a déterminée par ce moyen, n'est gueres plus grande que le demi-diametre apparent de Venus lors qu'elle est à la distance que Mars avoit alors: de-sorte que la Terre n'est gueres plus grande que Venus, qui est un peu plus proche du Soleil que la Terre.

XXXV. Troisiéme methode de chercher la parallaxe de Mars.

Nous avons aussi comparé les differences des ascensions droites de Mars & de quelques Etoiles fixes observées en mesme temps en France & en Caïenne, pour en tirer la parallaxe de Mars. Le premier d'Octobre de l'an 1672. Mars passa par la moyenne des trois de l'eau d'Aquarius marquée ψ, & il la cacha par son disque, comme nous trouvons par la comparaison des Observations de ce mesme jour. C'auroit esté une belle occasion de déterminer la parallaxe de Mars par le temps de l'Immersion & de l'Emersion de cette Etoile dans son disque observées en France & en Caïenne; mais les nuages qui couvrirent le Ciel au temps de ces deux phases nous firent perdre une occasion si favorable. On fit pourtant la mesme nuit plusieurs Observations de la distance de cette Etoile à Mars, qui servent à trouver à peu prés le temps de cette conjonction. Mais en les comparant ensemble, on y trouve de petites differences irrégulieres, dont quelques-unes ne donnent point de parallaxe; d'autres en donnent trop; & d'autres sont en un sens contraire à ce que la parallaxe demande. Cela nous a donné lieu de douter si l'irrégularité de ces differences entre les Observations faites proche de cette conjonction ne seroit pas causée par quelque réfraction extraordinaire, & si Mars n'auroit point une atmosphere, par laquelle les rayons de l'Etoile venant à passer fussent rompus diversement à diverses distances jusques à un certain terme.

A Brion en Anjou.

Monsieur Picard, à la page 35. de ses Observations, en rapporte deux qu'il fit la mesme nuit à Brion, qui est plus Occidental que Paris de 11. minutes de temps.

La premiere fut faite avant la conjonction à 7^h. du soir. La difference ascensionnelle entre le bord occidenal de Mars & la moyenne ψ n'estoit plus que d'environ $4''$. de temps.

La seconde fut faite aprés la conjonction à 2^h. $30'$. Alors le bord oriental de Mars précedoit cette mesme Etoile de $6''$. de temps.

Le disque de Mars passoit en $1'' \frac{2}{3}$ de temps : de-sorte qu'entre 7. heures du soir & 2^h. $30'$. dans l'intervalle de 7^h. $30''$. la variation de la difference ascensionnelle parut de $11'' \frac{2}{3}$. M. Picard donne à 37. minutes, deux tiers de seconde de variation, qui est à raison de $1'' \frac{1}{12}$ par heure.

Ayant comparé la seconde Observation à celle que M. Richer fit le mesme soir en Caïenne, M. Picard trouve par l'une & par l'autre, les réductions estant faites, la mesme difference ascensionnelle entre Mars & l'Etoile au mesme temps, comme si cette Planete n'avoit point eû de parallaxe sensible. Il n'en conclut pourtant autre chose, sinon que s'il y avoit eû quelque chose de fort sensible, on s'en seroit apperceu en cette rencontre ; & il se rapporte à nos Observations, par lesquelles nous trouvasmes que la parallaxe de Mars estoit un peu moindre que le disque apparent de cette Planete.

Mais si l'on compare les $11'' \frac{2}{3}$ de la variation apparente de l'ascension droite entre la premiere Observation de M. Picard & la seconde, avec la variation veritable, qui à raison de $1'' \frac{1}{12}$ par heure estoit de $8'' \frac{1}{8}$ en sept heures & demi de temps ; on trouvera entre la variation apparente & la veritable une difference de $3'' \frac{1}{2}$ de temps, qui donneroit une parallaxe double de celle qui résulte de nos Observations, comme on peut trouver par un calcul semblable à celuy dont nous nous sommes servis dans le Traité de la Comete : & mesme elle sera encore un peu plus grande, si la variation veritable n'estoit alors que d'une seconde par heure, comme nous trouvons par la comparaison des Observations des jours précedens avec celles des suivans faites à la mesme heure.

Cependant, par les deux Observations de M. Picard, on peut trouver le temps de la conjonction apparente de Mars avec cette Etoile, qui a 7^h. du soir précedoit le bord occidental de Mars de $4''$. de temps, & le centre de $4'' \frac{5}{6}$. Cette anticipation, à raison de la variation apparente de $11'' \frac{2}{3}$ en 7^h, donne 3^h. $7'$. à ajouster à 7^h. & la conjonction apparente eust deu arriver à Brion selon les Observations de M. Picard à 10^h. $7'$.

A Briare & à la Charité sur la Loire.

Le premier d'Octobre, estant à Briare en allant en Provence, nous observasmes à 2^h. $45'$. du matin par une lunette de 3. pieds, que le bord occidental de Mars estoit encore éloigné vers l'Orient de la moyenne des trois dans l'eau d'Aquarius marquées ψ. Et le mesme jour à la Charité à 10h. 25'. du soir nous observasmes Mars entre les deux extrémes de ces trois Etoiles à la place de la moyenne, qui ne se trouva point, estant sans doute cachée par le disque de Mars. Nous prismes sa hauteur meridienne de 31d. 52'. 45". & M. Romer nous envoya celle qu'il avoit faite le mesme soir à l'Observatoire du bord superieur de Mars de 30d. 14'. 5". sans avoir pû voir la moyenne ♆. Il avoit pris le 5. de Septembre la hauteur meridienne de cette Etoile de 30d. 14'. 0". ce qui confirme l'occultation de cette Etoile par Mars aussi-bien à Paris qu'à la Charité, qui par nos Observations est plus orientale que Paris de 3. minutes de temps, & plus meridionale d'un degré 39. minutes.

A Paris.

Le mesme jour premier Octobre 1672. à Paris, M. Romer à qui on avoit laissé le soin de cette observation, observa à 11h. 15'. du soir que le bord Oriental de Mars estoit éloigné de la moyenne des trois d'Aquarius marquées ♆ vers l'Occident, de deux tiers de son diametre, & par consequent le centre en estoit éloigné d'un diametre & $\frac{1}{6}$. A 11h. 27'. le mesme bord de Mars estoit éloigné de cette Etoile de tout son diametre: & par consequent le centre en estoit éloigné d'un diametre & demi. Il se separa donc d'un tiers de son diametre en 12. minutes d'heure par une vitesse apparente, qui est encore beaucoup plus grande que par les Observations de M. Picard, qui dans l'intervalle de 7h $\frac{1}{2}$ donne la variation de 11" $\frac{1}{2}$. Mais à raison d'un tiers de diametre en 12. minutes, la variation en 7h $\frac{1}{2}$ seroit de 12. diametres de Mars, ausquels repondent 18" $\frac{1}{4}$ de temps. Par cette vitesse il se separa d'un diametre & demi en 54. minutes de temps, qui estant ostez de 11h 27'. laissent 10h. 33'. pour le temps de la conjonction apparente à Paris.

Touchant la déclinaison de Mars, à 11h. 15'. le parallele de l'Etoile passoit par le disque de Mars, dont le centre estoit encore plus meridional, de-sorte que son diametre perpendiculaire estoit coupé à la raison de 2. à 3. & à 11h 27'. il estoit coupé à la raison de 3. à 4. D'où il paroist que le bord Septentrional de Mars arriva au parallele de l'Etoile à 8h $\frac{1}{2}$ & qu'au temps de la conjonction l'Etoile fixe estoit cachée par Mars.

M. de la Hire observa aussi Mars à Paris avec assiduité depuis le 22. Septembre jusqu'au 29. d'Octobre suivant, dans lequel temps il le vit passer dans un grand nombre de petites Etoiles qui sont dans l'eau d'Aquarius; & par la comparaison faite les jours précedens & suivans, il jugea que Mars fut presque conjoint avec l'Etoile moyenne des trois marquées ♆ vers les 8h. du soir du premier Octobre, & qu'il estoit plus meridional d'environ 20". & que ce mesme me jour il passa par le meridien plûtost que cette Etoile prés d'une seconde de temps. Mais les nuages l'empescherent d'observer Mars le jour de la conjonction.

En Caïenne.

Le premier d'Octobre de la mesme année, le bord occidental de Mars passa par le meridien de Caïenne avant la moyenne des trois de l'eau d'Aquarius 7″ de temps. Donc le centre passa 6 $\frac{1}{6}$ auparavant.

La vraye anticipation journaliere de Mars estant supposée de 24″ de temps; 6″$\frac{1}{6}$ donnent 6h. 10′. à oster de l'heure du passage de Mars par le meridien, qui fut à 10h. 25′, & resteroit le temps de la conjonction veritable à 4h. 15′. en Caïenne; & y ayant ajousté la difference du meridien de Paris 3h. 39′. la vraye conjonction seroit arrivée à Paris selon cette Observation à 7h. 54′.

Mais il faut observer que le jour de la conjonction, l'intervalle de la moyenne des trois Etoiles fixes à la précedente par les Observations de Caïenne parut sensiblement augmenté : car les jours précedens la difference du passage de ces deux Etoiles estoit de 2′. 8″ de temps, comme on l'observa toûjours à Paris, & ce jour-cy il parut de 2′. 14″: ce qui semble s'accorder à ce que nous avons imaginé, que le rayon visuel qui alloit à l'Etoile aprés la conjonction avec Mars, rencontrant obliquement son Atmosphere, pouvoit estre rompu; de-sorte qu'il la faisoit paroistre trop orientale, augmentant la distance à Mars qui estoit passé vers l'Occident, & diversement à diverses distances de l'Etoile à Mars. Et on pourroit attribuër à la mesme cause la trop grande vitesse qui paroist dans la separation de Mars par la comparaison des Observations tant de M. Picard que de M. Romer. Cela pourroit aussi accorder l'insensibilité de la parallaxe qui se conclut par la comparaison de la derniere Observation de M. Picard avec celle de M. Richer, & la trop grande parallaxe qui seroit inferée de la grande vitesse de la separation de Mars d'avec l'Etoile fixe suivante vers le temps de sa conjonction, en attribuant une partie de la difference à la parallaxe, & l'autre à la réfraction celeste. C'est la pensée qui nous a esté suggerée par la difference des Observations vers le temps de cette conjonction : à quoy il sera bon de prendre garde en des occasions semblables, pour en avoir ou la confirmation ou la réfutation par des Observations nouvelles faites à dessein.

Cependant si nous comparons la premiere des Observations de M. Romer faite à Paris à 11h. 15′. & la seconde de M. Picard faite à Brion à 2h. 30′. qui sont 2h. 41′. à Paris, nous trouverons dans l'intervalle de 3h. 26′. une variation apparente d'ascension droite de $4' \frac{7}{8}$, au lieu que la variation veritable à raiſon d'une ſeconde par heure ne fut que de $3'' \frac{1}{3}$: de-ſorte que dans l'intervalle de $3^h \frac{1}{3}$ il y auroit eû $1'' \frac{3}{8}$ de difference favorable à la parallaxe. De meſme la ſeconde Obſervation de M. Romer comparée à la ſeconde de M. Picard, dans l'intervalle de $3^h \frac{1}{4}$ donne $1'' \frac{1}{12}$ de difference de temps entre la variation apparente & la veritable; laquelle difference eſt favorable à la parallaxe de Mars; & peut-eſtre que ces deux dernieres Obſervations ſont préferables aux autres du meſme jour.

XXXVI. La parallaxe du Soleil.

Selon les hypotheſes des Coperniciens & des Tychoniciens, qui ſont équivalentes & les ſeules receuës des Aſtronomes modernes, la diſtance de Mars à la terre eſtoit à la diſtance moyenne du Soleil à la terre vers le temps des Obſervations précedentes à peu prés comme 1′ à $2\frac{2}{3}$. Les parallaxes ſont entre elles en proportion reciproque des diſtances: donc la parallaxe du Soleil dans la moyenne diſtance à la parallaxe de Mars vers le temps de ces Obſervations eſtoit comme 1. à $2\frac{2}{3}$, ou comme $9\frac{1}{2}$ à $25\frac{1}{3}$. Ayant donc ſuppoſé la parallaxe de Mars, vers le temps de ces Obſervations, de $25'' \frac{1}{3}$, comme elle a eſté trouvée par le calcul précedent ſelon la premiere methode; la parallaxe du Soleil qui répond au demi-diametre de la terre, & qui convient à l'hypotheſe Copernicienne & à la Tychonicienne, ſera de $9'' \frac{1}{2}$; & la totale qui répond à tout le diametre ſera de 19. ſecondes. La proportion des diſtances des Planetes audeſſus de la Lune à la moyenne diſtance du Soleil à la terre, eſt déterminée dans ces deux hypotheſes par les apparences de leur mouvement, qui réſultent de la compoſition du mouvement propre, & de celuy de la terre ſelon Copernic, ou de celuy du Soleil ſelon Tycho. Mais dans l'hypotheſe Ptolemaïque ces meſmes apparences eſtant attribuées à la compoſition de deux mouvemens propres de chaque Planete, dont l'un ſe fait par l'Excentrique, & l'autre par l'Epicicle; elles ne déterminent point la proportion des diſtances des diverſes Planetes entre elles. Pour avoir cette proportion, on ſuppoſe que la plus grande diſtance d'une Planete inferieure ſoit égale à la plus petite de la Planete ſuperieure, d'où les proportions des diſtances des Planetes réſultent toutes differentes des Coperniciennes & des Tychoniciennes. Mais ſi au lieu de cette ſuppoſition arbitraire on en prend une autre plus conforme à l'indication naturelle, que les Epicicles de la ſeconde inegalité des trois Planetes ſuperieures, & les Excentriques des deux inferieures ſoient tous égaux au cercle annuel du Soleil; les diſtances des Planetes dans le sisteme Ptolemaïque déterminé de cette sorte, auront les mesmes proportions entre elles que dans les sistemes de Copernic & de Tycho; & ces trois hypotheses seront équivalentes, mesme dans la proportion des distances, comme il est representé dans le Planisphere du Roy. Sans les hypotheses astronomiques nous ne pouvons pas avoir la proportion des distances des Planetes audessus de la Lune, parce qu'il n'y en a qu'une ou deux dont la parallaxe soit immediatement perceptible, & encore avec beaucoup de peine & d'ambiguité. C'est pourquoy ces proportions n'ont pas plus de certitude que les hypotheses. Mais il n'y a pas un Astronome aujourd'huy qui doute de ce qui est commun aux sistemes de Copernic & de Tycho, & par consequent aussi à celuy de Ptolemée réformé & déterminé par l'hypothese de l'égalité des Epicicles des Plenetes superieures & des Excentriques des inferieures au cercle annuel du Soleil : ainsi les parallaxes de Mars & du Soleil que nous avons calculées, pourront servir également à ces trois celebres sistemes pour trouver la proportion des distances des Planetes.

XXXVII. Les distances de Mars & du Soleil à la terre.

La parallaxe horizontale de Mars estant supposée comme dans le calcul précedent, de 25″ $\frac{1}{3}$, donne la distance de Mars à la terre au temps des Observations précedentes de 8100. demi-diametres de la terre; & la parallaxe du Soleil estant supposée de 9″ $\frac{1}{2}$ donne la distance du Soleil à la terre de 21600. demi-diametres de la terre.

Voila de grandes distances que nous venons de conclure de trois petites parallaxes. Elles sont justes selon la Trigonometrie, si l'on suppose les parallaxes exactes jusqu'aux secondes précises. Mais il est presqu'impossible de s'asseurer de 2. ou 3. secondes dans la parallaxe totale de Mars tirée du rapport de plusieurs Observations, dont chacune est sujette à quelque erreur imperceptible. Or une variation de 3. secondes dans la parallaxe totale de Mars suffit pour faire une variation de 1000. demi-diametres de la terre dans sa distance, lors mesme qu'il est plus proche de la terre : d'où il paroist que ce n'est pas une petite entreprise que de déterminer sa moindre distance à la terre à 1000. demi-diametres de la terre prés ; & par consequent celle du Soleil à 2000. ou 3000. demi-diametres prés.

Si la parallaxe de Mars estoit telle qu'elle résulte des hypotheses de Tycho, qui la font monter jusqu'à 8. minutes, lors que Mars est plus proche de la terre ; il seroit plus facile de déterminer sa distance à 3. demi-diametres de la terre prés, que nous ne la pouvons déterminer à 1000. demi-diametres prés, n'estant que de 25. secondes. Cela vient de ce que dans les grandes distances la difficulté de les déterminer avec la mesme justesse augmente en proportion doublée des distances mesmes, ou de leurs parallaxes réciproques : de-sorte qu'une distance vingt fois plus grande qu'une autre est quatre cens fois plus difficile à déterminer avec la mesme justesse ; & la mesme erreur d'une seconde dans une parallaxe, qui est la vingtiéme partie d'une autre, multiplie quatre cens fois l'erreur dans sa distance. Cette remarque est d'autant plus necessaire que plusieurs supposent que les distances des Astres se puissent mesurer avec la mesme facilité & avec la mesme justesse que nous mesurons les distances des lieux inaccessibles sur la surface de la terre, & qui énoncent les distances des Planetes les plus éloignées, & mesme celles des Etoiles fixes à lieuës & à milles comme nous faisons les distances des villes. Ce ne seroit pas peu que de les sçavoir à quelques millions de lieuës prés. Ainsi puisque la distance du Soleil à la terre approche de 22000. demi-diametres de la terre, & qu'on donne communément au demi-diametre de la terre 1500. lieuës : on peut dire que la distance du Soleil à la terre est environ de 33. millions de lieuës, sans répondre de la difference d'un ou de deux millions, à peu prés comme sur la terre on ne repondroit pas d'une ou de deux lieuës sur une distance de 32. ou 33. lieuës lors qu'on en juge seulement par l'estime ; & il seroit à souhaiter que par toutes les Observations qu'on peut faire & par toute la Geometrie qu'on y peut employer, on pust sçavoir les distances des Planetes superieures à la Lune à quelque million de lieuës prés, comme l'on sçait communément par l'estime la distance des villes d'une province à quelques lieuës prés. On sçait bien avec beaucoup plus de justesse dans l'hypothese Copernicienne, & dans les équivalentes la proportion des distances des Planetes entre elles, parce qu'on a des stations éloignées prises sur l'orbe annuel, dont le diametre est 21. ou 22. mille fois plus grand que celuy de la terre. Mais on ne la peut sçavoir que tres-imparfaitement à proportion de nos mesures prises sur la terre, qui n'est que comme un point à l'égard de ces grandes distances.

XXXVIII. La proportion de la grandeur du Soleil à celle de la Terre.

Le demi-diametre apparent du Soleil dans la moyenne distance à la Terre est de 16′. 6″. qui font 966. secondes. La centiéme partie de 966. est 9″ $\frac{2}{3}$. Nous avons trouvé par le calcul précedent la parallaxe du Soleil, qui est égale au demi-diametre de la terre veû de la distance du Soleil de 9″ $\frac{1}{2}$, & il n'y a point de difference qui soit sensible par les Observations entre $9\frac{1}{2}$ & $9\frac{2}{3}$, que d'autres calculs donnent aussi. L'on peut donc prendre indifferemment l'un ou ou l'autre pour la parallaxe du Soleil, & la faire toûjours pour une plus grande facilité, la centiéme partie du demi-diametre apparent du Soleil. Ainsi le vray diametre du Soleil sera cent fois plus grand que le diametre de la terre, la surface du Soleil dix mille fois plus grande que celle de la terre, & le globe du Soleil un million de fois plus grand que le globe de la terre.

VOYAGES AU CAP VERD EN AFRIQUE, ET AUX ISLES DE L'AMERIQUE.

LA methode de déterminer les longitudes des lieux de la terre par le moyen des éclipses des Satellites de Jupiter, que l'Académie Royale des Sciences avoit commencé la premiere de pratiquer, particulierement dans les Voyages en Dannemarck & aux Costes maritimes de France, s'estoit trouvée si exacte, qu'on jugea que par ce moyen on pourroit entreprendre la correction de toute la Geographie, & faire des Cartes justes pour l'usage de la navigation: ce qu'on n'avoit encore pû faire, parce qu'il n'y avoit eû que les éclipses de la Lune qui eussent servi à trouver, mais avec peu de justesse, les differences des longitudes de quelques lieux éloignez; & ces éclipses qui n'arrivent ordinairement qu'une ou deux fois l'année, sont bien plus rares que celles des Satellites de Jupiter, qui arrivent tout au moins de deux en deux jours, quoyqu'on ne les puisse pas observer toutes dans le mesme lieu, tant à cause de la difference des heures ausquelles Jupiter n'est pas toûjours sur l'horizon, qu'à cause du mauvais temps qui nuit souvent aux Observations.

Cette entreprise de travailler à la perfection de la Geographie d'une maniere nouvelle & plus parfaite que celles qu'on avoit imaginées jusques à cette heure, estant conforme aux intentions de sa Majesté dans l'institution de son Académie des Sciences; Elle ordonna qu'on choisist des personnes capables de l'exécuter en divers lieux suivant les instructions qui leur seroient données, & qu'on prist les occasions propres pour les envoyer en des Païs éloignez.

La commodité de la Colonie Françoise que la Compagnie Royale d'Afrique venoit d'établir à la Gorée, petite Isle du Cap Verd, qui est la partie du Continent la plus avancée dans l'Ocean Occidental, & d'où quelques Geographes ont pris le commencement des longitudes, donna lieu de commencer par ce voyage, pour lequel on choisit Messieurs Varin, des Hayes & de Glos, aprés les avoir exercez à ces sortes d'Observations ; & on leur donna l'Instruction suivante qui servira aux autres qui seront envoyez à ce dessein.

INSTRUCTION GENERALE pour les Observations Geographiques & Astronomiques à faire dans les Voyages.

POUR *faciliter les Observations Astronomiques dans les Voyages, avant que de partir on réglera les pendules à celles de l'Observatoire, & l'on marquera par un filet à plomb la situation dans laquelle il les faudra remettre. On marquera aussi la situation du petit poids qui regle la vistesse de la pendule, pour le pouvoir remettre en cas qu'il se déplace. On observera combien de secondes par jour avance ou retarde la pendule, en avançant ou reculant le petit plomb audessus ou audessous à la difference d'un pouce.*

Estant arrivé au lieu où l'on veut observer, & ayant choisi un endroit commode pour découvrir le Ciel & pour placer les instrumens, on mettra les pendules dans la situation en laquelle on les avoit éprouvées avant que de partir ; & les ayant mises en mouvement à l'heure estimée, on prendra quelques hauteurs du bord superieur ou inferieur du Soleil à la distance de deux, trois, ou quatre heures avant midy ; & à l'instant de la hauteur prise on marquera l'heure, minute & seconde, montrée par une des pendules, & on l'écrira dans le Registre.

On attendra aprés midy que le mesme bord du Soleil retourne à la mesme hauteur à laquelle auparavant on aura ajusté l'instrument ; & à l'instant de cette hauteur on marquera aussi l'heure, minute & seconde que la mesme pendule montre. On comparera le temps du matin avec celuy du soir, & la difference partagée par moitié, & ajoustée au temps du matin, donnera l'heure, minute & seconde que la pendule montroit à midy, lors que la déclinaison du Soleil ne change point sensiblement entre le temps des Observations du matin & de celles du soir. Lors qu'elle change sensiblement, il y a une correction à faire pour trouver le vray temps de midy

que

que nous avons enseignée à part. On marquera donc le midy qui résulte, tant avant la correction qu'aprés la correction qu'on pourra differer à faire à loisir, si on n'a pas le temps de le faire alors.

Il est à propos de prendre plusieurs hauteurs qui different d'un intervalle égal, comme d'un degré ou d'un demi-degré, & de prendre toutes les correspondantes le soir, afin que s'il y a quelque petite erreur dans une, elle se corrige par les autres : outre que la difference des hauteurs comparées à celle des temps correspondans sert à trouver la variation du midy selon une des methodes proposées dont on se peut servir toûjours quand on ne connoist pas encore la hauteur du Pole.

Aprés avoir trouvé l'heure du midy, si elle est éloignée du point de douze heures, on peut avancer ou reculer l'aiguille des minutes autant qu'est la difference des minutes à douze heures, afin que la pendule ne s'éloigne pas du Ciel de plus d'une minute, écrivant dans le Registre ce qu'on aura avancé ou reculé ; & on aura le temps que l'horloge ainsi avancée ou reculée auroit montré à midy.

On fera les mesmes operations le jour suivant, & par là on trouvera le temps que l'horloge marque à midy.

Et comparant le temps marqué le midy suivant à celuy qui auroit esté marqué le midy précedent aprés la correction faite; on aura ce que l'horloge fait en vingt-quatre heures qu'on marquera dans le Registre.

Et à tout autre temps, entre les deux midis, ayant observé ce que marque l'horloge, on aura le temps veritable.

Et faisant souvent les mesmes Observations, on sçaura toûjours l'estat de l'horloge, c'est à dire, combien elle differe du Soleil à chaque instant proposé.

Et par l'addition ou soustraction de quelques minutes qu'on écrira toûjours, l'horloge sera toûjours d'accord avec le Ciel à une minute prés, & l'on sçaura ce qu'elle montre à chaque midy, & à toute autre heure du jour.

Et quand il y aura quelque Observation à faire, marquant ce que montre l'horloge, on aura le temps veritable, ajoustant ou ostant à l'heure qu'elle montre la difference qui est deuë à ce temps. Ce qu'on pourra faire à loisir.

Quand on aura reglé l'horloge par cette maniere, on pourra décrire exactement la ligne Meridienne, marquant l'ombre que quelque corde bandée à plomb fera sur le pavé à l'instant de midy qui sera connu par l'horloge.

Et l'on s'apprestera pour observer la hauteur Meridienne du Soleil à l'instant de midy.

Et par la difference de l'ascension droite du Soleil & des Etoiles fixes réduite en temps, on aura le temps que les Etoiles fixes arrivent au Meridien pour observer leur hauteur Meridienne.

On pourra aussi dresser quelque plan sur la Meridienne, pour observer le passage du Soleil, de la Lune & des Etoiles; & l'on pourra marquer dans l'horizon sensible quelque point qui soit dans la Meridienne avec le lieu des Observations, ou bien planter un pieu bien loin, pour y viser avec l'instrument: ce qui servira pour marquer les angles de position des lieux à l'entour, s'il y en a qu'il soit utile d'observer.

S'il s'en faut beaucoup que la pendule ne soit d'accord avec le Ciel au bout de 24. heures, on sçaura combien il faudra baisser ou hausser le petit poids du pendule, par la difference qu'on aura observé qu'il fait par jour le baissant ou haussant d'un pouce, & qu'on pourra observer de nouveau. Et ainsi on la pourra mettre au moyen mouvement: ce qui pourtant n'est pas necessaire; & mesme il n'est pas bon de l'entreprendre quand on n'a pas de temps à perdre, mais seulement quand on a à demeurer long-temps dans le mesme lieu, & lors qu'on a deux pendules, dont une demeurera toûjours dans le mesme estat qui est connu, à laquelle on marquera le temps des Observations, pendant qu'on regle l'autre; & aprés qu'elle sera reglée, on pourra commencer de s'en servir, le marquant dans le Registre, & ensuite on reglera l'autre.

On peut mettre l'horloge au moyen mouvement, ou par les Observations du Soleil, se servant de la Table des Equations des jours, & faisant que l'horloge au retour du Soleil au Meridien fasse plus ou moins de 24. heures, ce qui est marqué à chaque jour par la Table des Equations: ou bien par le moyen des Etoiles fixes, faisant que l'horloge au retour de la mesme Etoile fixe fasse 23^{h}. 56'. 4".

On pourra à cét effet dresser une lunette à une Etoile fixe;

& l'ayant arrestée en cette situation, observer plusieurs jours de suite l'heure, la minute & la seconde que cette Etoile entre dans la lunette & qu'elle en sort, & comparer les Observations des jours suivans avec celles des jours precedens.

Aprés qu'on aura mis une horloge au moyen mouvement, on pourra éprouver si un pendule de la longueur de 36. pouces 8. lignes & demie fait 3600. petites vibrations en une heure, ou s'il en fait plus ou moins; ce qui a besoin de beaucoup d'attention & d'exactitude. Par des experiences tres-exactes faites par Messieurs de l'Académie à Paris, à la Haye, à Copenhague, & à Londres, la longueur du pendule qui fait une vibration en une seconde, s'est par tout trouvée la mesme. Seulement à la Caïenne elle s'est trouvée plus courte; mais on doute si cela n'est point arrivé par quelque defaut dans l'Observation. C'est pourquoy on l'observera avec le plus d'exactitude que l'on pourra.

Pour verifier avec facilité par l'Observation des Etoiles, l'instrument qui doit servir à prendre les hauteurs du Soleil & des Astres, le point qui marque le 90. degré de hauteur n'est pas à l'extrémité de l'arc de l'instrument, mais il reste au-delà un arc de 6. ou 7. degrez, divisé comme le reste du limbe en degrez & minutes. De-sorte qu'on peut prendre la hauteur du mesme Astre tournant l'instrument tantost du costé du Midy, tantost du costé du Septentrion, afin que le fil du plomb tombe tantost sur une partie de la circonference, tantost sur l'autre. Ayant donc pris la hauteur de la mesme Etoile en deux manieres en differens jours, si elle est la mesme dans l'une & dans l'autre Observation, l'instrument est juste; si elle est differente, la moitié de la difference est l'erreur de l'instrument, qui estant ajoustée à la moindre hauteur, donne la hauteur juste de la mesme Etoile. Ainsi l'on verra de quel costé l'instrument hausse ou baisse: car il hausse du costé que la grandeur apparente est plus grande que la juste, & il baisse de l'autre costé. On mettra donc dans le Registre ces Observations, pour juger de la justesse de l'instrument, pour sçavoir la correction qu'il faut faire aux Observations s'il en est besoin.

On prendra le plus souvent qu'on pourra la hauteur Me-

ridienne du Soleil & des Etoiles fixes, pour en pouvoir conclure la hauteur du Pole, & on observera des Etoiles fixes tantost du costé du Midy, tantost du costé du Septentrion.

On observera aussi le temps du lever & du coucher du Soleil, & particulierement lors que la mer se trouvera dans l'Horison sensible; & on ne manquera pas d'observer combien l'Horison de la mer est abbaissé au dessous de 90. degrez dans le lieu de l'Observation.

Quand il y aura des Observations à faire des Immersions ou Emersions des Satellites de Jupiter, on sera asseûré de l'estat de l'horloge par des Observations récentes, & on le verifiera par les suivantes.

Il sera à propos de prendre aprés l'Observation la hauteur de quelque Etoile, observant le temps que l'horloge marquera à l'instant de l'Observation.

Si du lieu de l'Observation on découvre des Isles éloignées, on peut viser à leurs extrémitez par la lunette de l'instrument, & la laissant en cette situation prendre la hauteur du Soleil ou de quelque Astre lors qu'ils arrivent au Vertical du point où l'on a visé, & marquer le temps qu'ils y arrivent: ce qui servira pour déterminer la position de ce lieu éloigné à l'égard du lieu de l'Observation.

Les Observations les plus propres pour la détermination des longitudes sont les Immersions & les Emersions du premier Satellite de Jupiter dans son ombre. Avant l'Immersion totale on le voit diminuër peu à peu. Si l'on peut, on comptera les secondes de temps qui passent entre le temps qu'on commence de le voir diminuër évidemment jusqu'à ce qu'il disparoisse entierement. A l'instant qu'il disparoist, il faut commencer à compter de nouveau; & s'il se trouve qu'aprés avoir commencé de compter il paroisse encore, ce qui arrive quelquefois, on recommencera à compter quand il cessera de paroistre. Et lors qu'on sera asseûré qu'il ne paroist plus, on continuëra de compter jusqu'à ce qu'on voye que l'horloge marque les secondes. Alors on en soustraira ce qu'on aura compté depuis la derniere fois que le Satellite aura disparu, ce qu'il faut marquer principalement; & si l'on se souvient de l'intervalle entre la diminution sensible & l'occultation totale, on le peut marquer aussi: autrement il ne faut pas s'en mettre en

peine,

peine, parce qu'elles ne sont que pour marquer combien l'Observation est précise.

Les Emersions demandent une attention particuliere, parce qu'on ne voit rien quand on les attend. A l'instant qu'on voit une lumiere foible à l'endroit où le Satellite doit paroistre, il faut commencer à compter sans quitter la lunette, jusqu'à ce qu'on soit asseûré de l'Emersion veritable. Si elle ne se confirme pas, on attendra, & on recommencera à compter lors qu'il paroistra veritablement, & on continuëra jusqu'à ce qu'on voye ce que montre l'horloge.

Huit jours avant & aprés l'opposition du Soleil à Jupiter, les Immersions & les Emersions du premier Satellite sont plus difficiles à déterminer exactement, parce qu'elles arrivent trop proche du bord apparent de Jupiter.

On ne negligera pas les Immersions des autres Satellites dans l'ombre, ni les Emersions, quand elles arriveront en un temps commode.

On observera aussi les Immersions dans le disque de Jupiter, dans lesquelles il est utile de marquer trois instans: un lors que le Satellite est à un diametre de soy-mesme éloigné du bord de Jupiter; le second, quand il touche Jupiter; & le troisiéme, quand il est entré entierement.

Et dans les Emersions, l'instant qu'il commence à paroistre; quand il se détache, & quand il est déja éloigné de son diametre.

Les rencontres de deux Satellites qui vont à parties contraires, sont aussi utiles pour les longitudes. La rencontre arrive lors que les centres sont dans une ligne droite perpendiculaire à celle des bandes. Et l'on peut marquer la premiere rencontre des bords, celle des centres, & la separation des bords; & lors que les Satellites sont de grandeur inégale, on y peut ajouster la rencontre du bord anterieur, & celle du posterieur.

Lors que la Lune pourra passer par la lunette du quart de cercle immobile avec une Etoile fixe principale, ou avant, ou aprés, il sera utile d'observer le temps du passage de l'un & de l'autre bord de la Lune, & du centre de l'Etoile.

Quand il y aura quelque Observation à faire de grande importance, il sera utile de s'y préparer le jour précedent, se disposant à observer à la mesme heure, afin que s'il y a quel-

que difficulté dans l'usage des instrumens à cause de la situation de l'Astre, ou de l'incommodité du lieu, on la puisse surmonter de bonne heure.

OBSERVATIONS
faites pour l'examen du quart de cercle qui devoit servir aux voyages d'Afrique & de l'Amerique.

Le 6. de Juin 1681. on regla à la situation horisontale le quart de cercle de deux pieds & demi, qui avoit esté rapporté de Caïenne, & qu'on avoit divisé de nouveau à cause que la premiere division avoit esté effacée. Et ayant aussi verifié le quart de cercle de trois pieds, on prit ensuite les hauteurs Meridiennes du Soleil par l'un & par l'autre.

Hauteurs Meridiennes du bord superieur du Soleil.

		Par le grand quart de cercle.	*Par le moindre.*
Juin.	7	64^{d} 17$'$ 55$''$	64^{d} 17$'$ 30$''$
	8	64 23 25	64 23 30
		Hauteurs de Venus.	
		64 47 50	64 48 0
		Hauteurs du Soleil.	
	9	64 28 30	64 28 45
		De Venus.	
		64 35 20	64 35 30
		Du Soleil.	
	10	64 32 50	64 33 0
		De Venus.	
		64 27 10	64 27 30
		Du Soleil.	
	11	64 37 0	64 37 15
		De Venus.	
		64 16 28	64 16 24
		Du Soleil.	
	14	64 47 55	64 47 20
	17	64 52 0	64 52 30
	19	64 55 10	64 55 0
	26	64 49 0	64 48 45
	28	64 43 0	64 42 40
	29	64 40 10	64 40 0

Hauteurs Meridiennes du bord ſuperieur du Soleil.

		Par le grand quart de cercle.			*Par le moindre.*		
Juillet.	2	64 d	27′	30″	64 d	27′	30″
	4	64	17	0	64	17	30
	5	64	12	30	64	12	30
	6	64	5	30	64	5	30
	8	63	52	30	63	52	30
	11	63	30	0	63	30	0
	12	63	21	45	63	21	20
		L'Inſtrument verifié de nouveau.					
	13	63	12	30	63	12	30
	14	63	3	0	63	3	0
	15	62	53	10	62	53	10
	16	62	43	15	62	43	15
	18	62	22	30	62	22	30
	19	62	11	40	62	11	40
	20	62	0	0	62	0	0
		Arcturus.					
		62	2	0			
		Le Soleil.					
	21	61	48	40	61	48	40
	22	61	37	0	61	37	0
	24	61	11	50	61	11	45
	26	60	46	15	60	45	20
	28	60	17	50	60	17	40
	30	59	50	0	59	48	30
	31	59	34	30	59	33	45
Aouſt.	4	58	32	0	58	32	0
	9	58	8	25	58	8	25
	12	56	14	0			
	15	54	41	0	54	39	10
	17						
	19	54	1	0			
	20	53	41	0			
	22	53	0	30			
	24	52	19	30	52	18	30
	25	51	58	0	51	57	30
	26	51	37	30	51	37	0
	27	51	16	25	51	15	30
	28	50	54	55	50	54	30
	30	50	11	40	50	11	10
	31	49	50	30	49	49	30

Hauteurs Meridiennes du bord superieur du Soleil.

		Par le grand quart de cercle.			*Par le moindre.*		
Septembre.	1				49^{d}	28′	20″
	2	49^{d}	6′	30″	49	6	5
	3	49	44	15	49	43	50
	4	48	22	0	48	21	30
	7	47	17	0			
	8	46	52	0			
	9	46	29	20	46	29	15
	10	46	6	30	46	6	0
	12	45	20	15	45	20	15
	13	44	57	30	44	57	0
	15	44	11	0	44	10	30
	16	43	47	45	43	47	20
	19	42	37	50	42	37	30

On voit par ces Observations que le moindre quart de cercle s'accorde ordinairement avec le plus grand à une demi-minute prés.

Apre's ces Observations, Messieurs Varin & Deshayes ayant appris qu'on équipoit un vaisseau à Diepe pour l'envoyer au Cap-Verd, ils partirent de Paris pour s'y rendre. En passant par Roûën, ils apprirent que le vaisseau n'estoit pas encore prest: c'est pourquoy ils s'y arresterent pour faire les Observations suivantes.

OBSERVATIONS

OBSERVATIONS
faites pour la détermination de la hauteur du Pole de Roûën, par lettre de M. Deshayes du 23. Octobre 1681.

Le 20. d'Octobre 1681. hauteur meridienne de l'Etoile polaire dans la partie superieure de son cercle 51ᵈ 51′ 30″.

Ayant supposé la distance de l'Etoile polaire au Pole comme par les Observations de cette année 1681. 2ᵈ 24′ 0″.

Hauteur du Pole de Roûën 49ᵈ 27′ 30″.

Le 21. d'Octobre, hauteur meridienne du bord superieur du Soleil à Roûën 29ᵈ 48′ 30″.

A Paris le mesme jour 30ᵈ 26′ 15″.

Difference des hauteurs du Pole 37′ 45″.

Celle de Paris estant supposée 48ᵈ 50′ 10″.

Celle de Roûën sera 49ᵈ 27′ 55″.

On neglige icy le peu de variation de la déclinaison qui arrive entre le passage du Soleil par le meridien de Paris, & par celuy de Roûën, parce qu'elle ne peut monter qu'à 5. ou 6. secondes, qui sont imperceptibles par les instrumens.

Le 22. d'Octobre, hauteur meridienne du bord superieur du Soleil à Roûën 29ᵈ 27′ 40″.

A Paris le mesme jour 30 5 0.

Difference des hauteurs du pole 37 20.

Celle de Paris estant supposée 48 50 10.

Celle de Roûën sera 49 27 30.

Monsieur Varin dans sa lettre du 5. Novembre dit avoir calculé la hauteur du Pole de Roûën par les hauteurs meridiennes du Soleil, ayant supposé le lieu du Soleil dans l'Ecliptique, connu par les Ephemerides de Mezavaques, calculées sur nos Tables.

Le 21 d'Octobre	49ᵈ	27′	18″
22	49	26	56
24	49	26	42
25	49	27	0
27	49	26	44

On peut s'arrester à celle qui est tirée de l'Observation de l'Etoile polaire du 20. d'Octobre, qui s'accorde à celles qui sont tirées du rapport des Observations faites à Paris & à Roûën, & à la premiere de M. Varin.

Obſervations faites pour trouver la longitude de Roüen.

Aprés avoir remis en eſtat la pendule à ſecondes, qui s'eſtoit démontée dans le voyage, elle fut miſe en mouvement le 21. d'Octobre dans un lieu où l'on pouvoit voir le Soleil une heure & demie avant midy & deux heures aprés, n'ayant pas encore trouvé un lieu plus commode ; & le 23. d'Octobre on prit les hauteurs ſuivantes du Soleil avant & aprés midy, comme par la lettre de M. des Hayes le 23. Octobre.

Heures avant midy.	*Hauteurs du bord ſuperieur du Soleil.*	*Heures aprés midy.*
10h 45' 30"	27d 0' 0"	1h 13' 6"
10 48 33	27 10 10	1h 9' 53"

La ſomme de la premiere heure du matin, & de la derniere du ſoir 11h 58' 36".

Elle manque de 12 heures 1' 24.

La moitié 42.

Temps entre les deux hauteurs égales de 27 degrez 11 59 18.

La ſomme de la ſeconde du matin, & de la premiere du ſoir 11 58 26.

Elle manque de 12 heures 1 34.

La moitié 47.

Temps entre les deux hauteurs égales de 27d 10' 11 59 13.

Le vray midy en ce temps eſt 20. ſecondes aprés le temps qui eſt entre les hauteurs égales. L'horloge montroit à midy ſelon les Obſervations plus éloignées 11 59 38.

Et ſelon les Obſervations plus prochaines 11 59 33.

Le milieu entre les deux 11 59 36.

L'horloge retardoit à midy du 23. Octobre 24".

Le 25. Octobre par lettre de M. Varin du 29.

Hauteur du bord ſuperieur du Soleil.

10h 55' 31"	26d 50'	1 3 50.

Somme des heures à hauteur égale 11 59 21.

Difference à 24 heures 39.

La moitié 19½.

Heure entre les deux hauteurs égales 11 59 40½.

Et le midy eſt 20" plus tard.

Donc l'horloge montroit à midy 12h 0 0½.

Il eſtoit donc préciſément avec le Soleil, & conferant les Obſervations du 23. avec celles du 25. l'horloge accelere en deux jours 24" à l'égard du Soleil.

Le 26. d'Octobre au matin à Roüen, h. 12. 23. 44. Immersion du second Satellite dans l'ombre de Jupiter.

Le midy précedent l'horloge estoit précisément avec le Soleil, & il acceleroit 12 secondes par jour

Donc pendant 12h 23′ il acceleroit 6″ qui estant ostées de 12h 23′ 44″, laisse l'heure veritable de l'Immersion du second Satellite dans l'ombre le 26. d'Octobre à 12h 23′ 38″ par la lunette de 19 pieds.

La mesme Immersion fut observée à Paris par la lunette de 21 pieds à	12h	30′	0″.
Par celle de 18 à	12	29	50.
A laquelle ayant comparé celle de Dieppe	12	23	38.
Reste la difference du meridien de Roüen à celuy de Paris		6′	12″.

Observations faites pour la hauteur du Pole de Dieppe, par lettre de M. Deshayes 18. Novembre 1681.

Le 17. Novembre 1681. Hauteur meridienne de l'Etoile polaire à Dieppe	52d	22′	30″.
A Paris le 14. Novembre	51	16	0.
Difference des hauteurs du Pole	1	6	30.
Hauteur du Pole à Paris	48	50	10.
Hauteur du Pole à Dieppe	49	56	40.
Le 17. Novembre à Dieppe, la hauteur meridienne de Markab estoit de	53	35	0.
Le 26. d'Octobre à Paris, la hauteur meridienne de Markab estoit de	54	41	30.
Difference	1	6	30.
Hauteur du Pole à Paris	48	50	10.
Hauteur du Pole à Dieppe	49	56	40.

La correspondance de ces deux hauteurs, dont une est du costé du Midy, l'autre du costé du Septentrion, avec celles qui ont esté faites à Paris, verifient l'instrument qui avoit esté rectifié le mesme jour, aprés que le fil qui est dans le foyer, & qui s'estoit cassé dans le voyage de Roüen à Dieppe, fut remis, & redressé aprés s'estre apperceû qu'il estoit situé obliquement.

La somme de ces deux hauteurs à parties contraires prise à Dieppe est égale à la somme des hauteurs meridiennes des mesmes Etoiles prises à Paris.

	A Dieppe			A Paris.		
La Polaire	52d	22′	30″	51d	16′	0″
Markab	53	35	0	54	41	30
Somme	105	57	30	105	57	30

Monſieur Picard obſerva les hauteurs meridiennes des meſmes Etoiles à S. Malo, & au Mont S. Michel.

	A Saint Malo.	*A Saint Michel.*
La polaire	51d 4' 40''	51d 3' 45''
Markab	54 53 0	54 53 40
La ſomme	105 57 40	105 57 25

Cette égalité des ſommes des hauteurs à quelques ſecondes prés, montre que les inſtrumens de Paris, de Dieppe & Saint Malo eſtoient d'accord enſemble.

Eſſay pour la longitude de Dieppe par lettre de M. Varin du 17. Décembre.

Le 10. de Novembre au matin, le premier Satellite devant entrer dans l'ombre de Jupiter, & n'ayant pas rectifié la pendule par les correſpondantes, on prit les hauteurs ſuivantes de Pollux.

	Hauteur de Pollux.
h. 2 10' 14''	57d 52'' 0'
2 17 54	58 52

Ayant pris le Soleil des Ephemerides de Mezavaques, & le lieu des fixes de Riccioli, on trouva par ces deux hauteurs que l'horloge retardoit de 4' 5''.

A 4h 16' de l'horloge, qui ſont 4h 20' 5'' du Soleil, le premier Satellite parut preſque defailli de lumiere. Les nuages qui avoient caché Jupiter de fois à autres pendant l'obſervation, le cacherent encore aprés ce temps : ce qui fut cauſe qu'on ne put voir la fin préciſe de l'immerſion ; mais on jugea qu'il ne s'en falloit pas 9 ou 10 ſecondes aprés le temps ſuſdit pour accomplir l'immerſion totale.

Elle ſeroit donc arrivée à Dieppe à 4h 20' 14''.

A Paris elle parut à 4h 25 14.

Il y auroit donc cinq minutes de difference des meridiens, dont Dieppe eſt plus ~~orientale~~ occidentale que Paris.

OBSERVATIONS

OBSERVATIONS
FAITES
EN L'ISLE DE GORÉE
PROCHE LE CAP VERD
EN AFRIQUE.

LA Gorée est une petite Isle éloignée de deux lieuës de l'extrémité plus Occidentale du Cap Verd vers le Sudest, & d'une demie lieuë de la terre-ferme, d'où commence la coste meridionale d'Afrique. Elle fut prise sur les Hollandois par M. le Mareschal d'Estrée l'an 1677. & Sa Majesté la donna à la Compagnie Royale d'Afrique, qui y a établi une Colonie pour le Commerce. Messieurs Varin & des Hayes y aborderent sur un Vaisseau de la Compagnie le 25. de Mars 1682. Ils furent tres-bien receûs du Gouverneur de l'Isle, qui leur donna un logement commode pour faire leurs Observations. M. de Glos y survint le 21. de May avec M. Dancour Directeur général de la Compagnie Royale, qui ayant pris le gouvernement de l'Isle, donna tant à M. de Glos qu'à MM. Varin & Deshayes toutes les commoditez dont ils eûrent besoin jusqu'à leur départ.

Comme la fin principale des Observations à faire en cette Isle estoit d'établir sa longitude & sa latitude, & d'examiner la longueur du pendule qui fait une vibration en une seconde: ils prenoient tous les jours des hauteurs du Soleil au matin & au soir à distances égales du meridien, pour connoistre toûjours parfaitement l'estat de l'Horloge, & le regler jusqu'à ce qu'il suivist le moyen mouvement du Soleil.

Ils prenoient aussi tous les jours les hauteurs Meridiennes du Soleil, & la nuit celles de quelques Etoiles fixes, pour trouver la hauteur du Pole dans cette Isle moyennant leur déclinaison; & ils rectifierent plusieurs fois le quart de cercle pour la correction de ces hauteurs. Ils observerent autant de fois qu'ils purent l'émersion du premier Satellite de l'ombre de Jupiter pour l'établissement de la longitude. Il leur réüssit d'observer cinq émersions, parmi lesquelles il y en eût deux qui furent observées à mesme temps à Paris à l'Observatoire Royal.

Observation de deux émersions du premier Satellite de Jupiter faites en mesme temps à Gorée & à Paris, pour l'établissement de la difference des longitudes.

Le 7. Avril 1682. l'émersion du premier Satellite de l'ombre de Jupiter fut observée,

A Gorée à	9^h	18'	25"
A Paris à	10	35	59
Difference des Meridiens	1	17	34

Le 7. May 1682. l'émersion du premier Satellite de l'ombre de Jupiter fut observée,

A Gorée	7^h	55'	28"
A Paris	9	13	8
Difference des Meridiens	1	17	40

Le temps de cette derniere Observation est tel qu'il a esté donné par M. Varin, qui avoit marqué une minute moins en regardant l'Horloge, & reconnut ensuite qu'il la falloit remettre.

La difference de longitude entre Gorée & Paris qui résulte de ces Observations est de 19^d 25'.

Le lieu de l'Observation est environ 5' plus Oriental que l'extrémité Occidentale du Cap Verd d'où commencent une traisnée d'écueïls qui s'avance presque deux lieuës dans la Mer vers l'Occident. La difference de la longitude du Cap Verd à celle de Paris est donc de 19 degrez & demi.

Le Pere Riccioli, dans sa Geographie réformée, qui est un ouvrage d'un travail extraordinaire, met la longitude du Cap Verd d'un degré 5'; celle de Paris de 24 degrez 30'; & par consequent la difference de longitude entre le Cap Verd & Paris presque 4 degrez plus grande que par nos Observations.

Ptolomée met la longitude du Cap Verd, qui estoit appellé *Arsinarium Promontorium*, de 8 degrez, & celle de Paris de 23 degrez 30': donc la difference de longitude entre ces deux lieux de 15 degrez & demi; quatre degrez plus courte que par nos Observations, & 8 degrez moindre, que celle de Riccioli. Ainsi cette difference de longitude établie par nos Observations, est au milieu des deux établies par ces excellens Geographes.

Nous avons eû sujet d'admirer le grand Globe de Blaeu qui donne la difference de longitude entre le Cap Verd & Paris de 20 degrez & un quart, à trois quarts de degré prés de la veritable.

Observations faites pour la latitude de Gorée & du Cap Verd.

La latitude de Gorée a esté tirée d'un grand nombre d'Observations des hauteurs Meridiennes du Soleil, & des Etoiles fixes comparées avec les déclinaiſons tirées des Tables, & avec les Obſervations immediates faites à meſme temps à Paris, dont il ſuffira de donner un exemple dans les hauteurs Solſtitiales qui ſont les plus propres pour cét uſage.

A Gorée.

Le 21. de Juin 1682. la hauteur Meridienne du bord ſuperieur du Soleil qui eſtoit l'Auſtral fut obſervée de 81^d 26′ 50″

Le demi-diametre du Soleil eſtoit alors de		15′	50
Donc la hauteur du bord inferieur boreal	81	11	0
L'excés de la réfraction ſur la parallaxe			8′
La hauteur veritable du centre à Gorée	81	10	52
Et la diſtance au Zenit	8	49	8
La déclinaiſon du Soleil	23	28	59
La latitude de Gorée	14	39	51

Le quart de cercle avoit eſté rectifié par les hauteurs Meridiennes d'Arcture le 14. 15. &19. de Juin tournant l'inſtrument tantoſt du coſté du Septentrion, tantoſt du coſté du Midy, ſa hauteur Meridienne corrigée fut de 83^d 48′ 10″: & ayant examiné pluſieurs autres Obſervations par la meſme maniere, on a déterminé la hauteur du Pole de Gorée de 14^d 40′, negligeant la difference de quelques ſecondes.

L'extrémité Occidentale du Cap Verd eſt de 3 minutes plus Septentrionale que l'Iſle de Gorée.

La latitude du Cap Verd eſt donc de 14^d 43′ boreale.

Le Pere Riccioli l'a fait de 14 degrez 20′

La difference eſt de 23′ minutes.

Ptolomée la faiſoit de 12 degrez, c'eſt à dire, 2^d 43′ plus Auſtrale.

Le grand Globe de Blaeu la fait préciſément telle que nous l'avons trouvée.

Obſervation de la longueur du Pendule en l'Iſle de Gorée.

Ayant reglé avec beaucoup de ſoin la Pendule au moyen mouvement du Soleil ſelon la Table des Equations, & ſuivant les paſſages des Etoiles fixes, de-ſorte que depuis le 18. d'Avril juſques au 25. allant ſans interruption, elle n'acceleroit que d'une ſeconde ou deux en 24 heures; & depuis le 25 juſqu'à la fin du mois elle n'acceleroit plus, & commença de retarder. On obſerva le mouvement d'un Pendule ſimple, dont la boule de cuivre eſtoit d'un pouce de diametre, & le fil de pitte ſortoit d'une pincette qui le terminoit exactement. On regla la longueur du fil, de ſorte que depuis le 18. juſques au 28. d'Avril il alloit exactement avec l'Horloge, faisant des petites vibrations tout au moins de 4 lignes ou environ. Le 28. on le mesura exactement, & on trouva la longueur de ce Pendule de 36 pouces 6 lignes $\frac{1}{5}$ deux lignes plus court qu'on ne l'avoit trouvé en France par la mesme methode, à laquelle on s'estoit exercé avant que de partir. Elle se trouva donc trois quarts de ligne plus courte icy que M. Richer ne l'avoit trouvée à Caïenne: ce qui confirme la variation que le Pendule fait en divers lieux entre les tropiques, quoy-qu'en Europe entre le parallele de 43 & celuy de 56 degrez, on n'y ait pû trouver jusques à present aucune difference sensible, quoy-que cela ait esté examiné par M M. de l'Académie Royale avec une grande exactitude.

Depuis la fin d'Avril jusqu'au 21. de Juin, l'Horloge à Pendule s'alentit de jour en jour: de-sorte qu'à la moitié de Juin elle estoit devenuë tardive de 21″ en 24 heures; & pour la remettre au moyen mouvement, le 16. de Juin on fut obligé de lever le petit poids de 9. lignes, aprés quoy elle retardoit encore du moyen mouvement de 2″ par jour; & ayant encore haussé un peu le petit poids jusqu'à ce que la Pendule fut au moyen mouvement, le 21. de Juin on le trouva de la mesme longueur que le 18. d'Avril, & le 23. de Juin il fallut encore l'accourcir d'un dixiéme de ligne.

Observations sur le Barometre.

On a observé diligemment les variations du Barometre en l'Isle de Gorée depuis le 31. Mars 1682. jusques au 4. Juillet de la mesme année, & pendant tout ce temps on ne l'a jamais trouvé plus haut sur la surface inferieure du vif-argent de 27 pouces & 9 lignes $\frac{1}{2}$, ni plus bas de 27 pouces 3 lignes $\frac{1}{4}$: de-sorte que toute la variation a esté de six lignes; ce qui n'est gueres different de ce qui arrive pendant une saison à l'Observatoire Royal, quoy-qu'en toute l'année la variation soit plus grande comme de 27 pouces & deux lignes à 28 pouces & demy, comme il a esté observé dans le Barometre qui est dans l'appartement inferieur de l'Observatoire.

On a observé qu'ordinairement à la Gorée le Barometre estoit plus bas quand le Termometre estoit plus haut, & généralement le Barometre a esté plus haut la nuit que le jour de deux, trois ou quatre lignes, & il faisoit plus de changement du matin jusqu'au soir, que du soir jusqu'au matin.

Observations de la variation de l'Aymant.

Dans cette petite Isle la variation de l'Aymant est inconstante, & diverse en divers endroits depuis 1 degré jusqu'à 14, déclinant toûjours

toûjours vers le Nord-Ouest, comme il a esté observé souvent. On attribuë cette cause à quelque mine de Fer, dont les indices sont quantité de pierres faites comme du masche-fer, qui estant appliquées à l'éguille de la Boussole; & particulierement en ostant le verre, luy imprimoient un petit mouvement; & une fontaine minerale qui distille de la roche goutte à goutte, & fournit à peu prés un muid d'eau en trois jours. Les Pilotes ne trouvent point de variation de l'Aiman dans la rade de Gorée.

Observations des Marées.

La plus haute & la plus basse marée à Gorée est un jour ou deux aprés la conjonction, & aprés l'opposition.

La difference de plus haut & de plus bas est d'environ 5 pieds, & rarement elle monte un ou deux pieds de plus, ce qui arrive particulierement dans les grands vents de mer.

Le 8. de May à 8 heures du matin deux jours aprés la nouvelle Lune, haute mer. Ouest sud Ouest.

Le 11. à 10 heures du matin haute mer, } Nord & beau temps.
à 4 heures du soir basse mer. }

Le 20. Juin à 7^h 45' du matin, un jour & demi aprés la pleine Lune, haute mer.

2 30 du soir, basse mer.
Le 21. 8 50 du matin, haute mer.
3 52 du soir, basse mer.
Le 26. 11 30 du matin, haute mer.

Les jours de la nouvelle & de la pleine Lune, la haute mer arrivoit environ à 7 heures & demie.

Observations des touchantes de la mer, & des crepuscules.

La ligne visuelle estant élevée de 24 pieds sur la surface de la mer.

Le 8. d'Avril la touchante de la mer baissoit 3' 45"
Le 16. 2 15
Le 23. 5 35

A la mesme hauteur M. Picard trouva au port de Sette en Languedoc la touchante de la mer basse 5' 30", comme à la page 42. de ses Observations.

On n'a pas trouvé de difference sensible entre la profondeur des crepuscules à la Gorée & en France.

Observations faites aux Antilles.

Aprés avoir fait les Observations necessaires pour la détermination de la longitude & de la latitude de l'Isle de Gorée & du Cap Verd, MM. Varin, des Hayes & du Glos, prirent la commodité d'aller observer autre part; & n'ayant pas rencontré de vaisseau qui les portast à l'Isle de Saint Thomé sous l'équinoctial, comme ils l'avoient projetté, ils s'embarquerent sur un qui alloit aux Antilles. Ils partirent de Gorée le 14. de Juillet, avec l'esperance de pouvoir observer aux Antilles l'éclipse de Lune qui devoit arriver le 17. d'Aoust: mais un grand calme qui dura huit jours en passant par le travers des Isles du Cap Verd, leur fit perdre cette belle occasion.

Ils l'observerent sans les apprests necessaires en passant devant la Martinique, ne se servant d'autres horloges que des montres de poche, ne prétendant pas en tirer aucune consequence.

Observation d'une Eclipse de Lune.

Le 17. Aoust 1682. en passant entre la Martinique & Sainte Lucie.

A 11^h $55'$ aprés midy, commencement de l'Eclipse, l'Etoile au sommet de la teste de Cephée estoit en mesme vertical que la Polaire.

A 13 8 Immersion totale, le haut de la chaise de Cassiopée estoit au mesme vertical que la Polaire 7 minutes aprés cette Observation.

A 14 48 Emersion, le Coude oriental de Cassiopée estoit au vertical de l'Etoile polaire 12' aprés cette observation.

A 16 0 Fin de l'Eclipse.

Au mesme horloge.

A	12^h	$20'$	hauteurs de Lira	36^d	$22'$
	13	15		22	7
	15	7	hauteurs de la queuë du Cigne	25	37
	16	10		15	22

Ces hauteurs furent prises avec la fléche; & les differences des heures qu'elles donnent, ne s'accordent pas bien à celles de l'horloge.

Nous observasmes le commencement de cette Eclipse à l'Observatoire Royal à 16^h $26'$ & $\frac{1}{2}$; & la Lune commença à entrer dans un bois qui estoit à l'horison à 16^h $45'$: mais nous n'en tirerons pas la difference des Meridiens, en la comparant à celle des Antilles, qui n'est pas donnée pour exacte.

Observations faites à la Guadaloupe.

Le 21. Octobre 1682. nos Observateurs arriverent à la Guadaloupe au bord de la basse terre, où ils furent fort bien receûs de M. Heinselin Gouverneur de l'Isle; & aprés avoir reglé les Instrumens, ils recommencerent les Observations necessaires pour la détermination de la longitude & de la latitude.

Observation pour la longitude de la Guadaloupe.

Le 20. Septembre 1682. on observa à la Guadaloupe l'immersion du premier Satellite dans l'ombre de Jupiter à $3^h\ 4'\ 52''$ aprés minuit.

Cette immersion ne put pas estre observée à Paris, où elle arriva de jour. Mais par les Observations précedentes & suivantes faites le mesme mois de Septembre, on trouva qu'elle devoit arriver à l'Observatoire Royal à $7^h\ 23'\ 5''$.

Ainsi la difference des Meridiens de Paris & de la Guadaloupe est de $4^h\ 18'\ 13''$, qui font 64 degrez $33'\frac{1}{4}$.

Le Pere Riccioli fait la longitude de la Guadaloupe de 312 degrez 56', celle de Paris 24 degrez 30', la difference de longitude $71^d\ 34'$, c'est à dire, 7 degrez plus grande que par ces Observations.

La latitude de la Guadaloupe.

Ayant comparé ensemble plusieurs Observations des hauteurs meridiennes du Soleil faites à la Guadaloupe depuis le 4. Septembre jusqu'au premier Novembre 1682. la latitude de la Guadaloupe a esté déterminée de $14^d\ 0'$.

Le Pere Riccioli la met de $13^d\ 58'$ à deux minutes prés de celle qui a esté observée.

La variation de l'Aiman à la Guadaloupe.

Par l'amplitude du Soleil au Couchant, la déclinaison de l'Aiman fut observée les mois de Septembre & d'Octobre 1682.

Le 5. Septembre	3^d	$54'$	Nordest.
Le 7.	3	53	Nordest.
A un autre endroit éloigné du premier de 200. pas.			
Le 11. Octobre	4^d	$15'$	Nordest.
Le 19.	4	18	Nordest.

La longueur du pendule à secondes.

Aprés qu'on eût reglé l'horloge au moyen mouvement du Soleil, la longueur du pendule à secondes fut trouvée de 36 pouces six lignes & demie.

Observations faites à la Martinique.

Aprés les Observations faites à la Guadaloupe, M M. des Hayes & du Glos en partirent le 4. Novembre, & arriverent à la Martinique le 10. où ils regloient l'Horloge par les hauteurs correspondantes du Soleil. Les nuages ne leur ayant pas permis d'observer une émersion du premier Satellite qui arriva le 13. ils attendirent la suivante.

Observation pour la longitude de la Martinique.

Le 20. Novembre 1682. le premier Satellite sortit de l'ombre de Jupiter.

A la Martinique 5^h $8'$ $21''$ du matin.

Une révolution se faisoit alors en un jour 18^h $27'$ $55''$

Donc l'Emersion suivante ne deût arriver à la Martinique que le 21. 11^h 36 16 aprés midi.

Elle fut observée à Paris le 21. 15^h 51 1

Difference des Meridiens 4 14 45

Qui font 63^d $41'\frac{1}{4}$ de difference de longitude.

Le Pere Riccioli l'a fait de 70^d $30'$.

La latitude de la Martinique.

Ayant comparé ensemble plusieurs hauteurs Meridiennes du Soleil & des Etoiles fixes observées à la Martinique entre le 13. & le 22. Novembre 1682. sa latitude a esté déterminée de 14^d $44'$

Le Pere Riccioli l'a fait de 14 20'

La variation de l'Aiman.

Au coucher du Soleil la variation de l'Aiman fut observée à la Martinique.

Le 20. Novembre 1682.	4^d	$15'$
Le 22.	4	6
Le 24.	4	13 Nordest.

DE

DE L'UTILITÉ DES VOYAGES PRÉCEDENS.

RIEN n'estoit si necessaire pour reconnoistre l'erreur de la Geographie ancienne, & pour perfectionner la nouvelle, que de déterminer les longitudes des lieux de la terre par des frequentes observations du Ciel. On en avoit dressé le project dans l'Académie des Sciences dés l'année 1678. par les Tables des Satellites de Jupiter. Cette methode a esté pratiquée dans tous les Voyages qui ont esté faits pour ce sujet par les ordres du Roy; & en comparant de temps en temps les Observations des Astronomes de Sa Majesté dans les Païs éloignez, avec celles qui se faisoient dans son Observatoire à Paris, cette Académie a cru pouvoir dresser des Cartes exactes de tout le Royaume, dont l'étenduë est assez grande pour en tirer des consequences qui serviront à rectifier celle du Monde entier.

En effet, on a trouvé que les differences des longitudes entre les lieux éloignez, sont beaucoup plus courtes que les Cartes communes ne les ont marquées: ce qui peut estre arrivé de ce que les Voyageurs & les Pilotes n'avoient pas la methode de rabatre dans la supputation de leur marche, & dans l'estime du sillage de leur vaisseau, les détours de la route qu'ils avoient tenuë, & la difference des vents & des courans sur les Mers qu'ils avoient parcouruës. De-sorte qu'en racourcissant sur la mesme proportion les differences des longitudes dans les Cartes communes, on ne s'éloigne pas beaucoup de la verité; & on peut rectifier cette réduction par les Observations des Eclipses de Lune observées depuis un ou deux siecles en diverses parties de la Terre, afin de pouvoir faire des Cartes beaucoup plus justes que celles qui ont paru jusqu'à cette heure.

L'Académie en a fait un essay par la grande Carte de la Tour Occidentale de l'Observatoire, qui fut dressée par les Astronomes du Roy, aprés les Observations faites à Uranibourg, à la Caïenne & en la coste Occidentale de France. On plaça premierement les lieux observez, & on tira les autres lieux des Cartes communes, aprés les avoir réduites en racourcissant les differences des longitudes, & en les comparant aux Observations des Eclipses faites en divers temps pour justifier cette réduction.

On n'oublia pas celles qui furent faites par MM. Peiresc & Gassendi, dignes l'un & l'autre de l'estime publique: ils meritent qu'on leur attribuë la premiere correction des erreurs de la longitude dans les Cartes de la Mediterranée, par une réforme qu'ils firent de cinq cens milles de distance sur les Cartes de la Navigation depuis Marseille jusques en Alexandrie.

Les Cartes modernes estant réduites par cette methode, on a esté obligé de racourcir de vingt-cinq à trente degrez les differences des longitudes des Païs les plus éloignez de nous vers l'Orient & vers l'Occident, & de les étendre par consequent de la mesme sorte dans les païs opposez aux Meridiens des lieux où s'estoient faites nos Observations. Cette methode a esté confirmée par toutes celles que l'on a faites depuis ce temps-là tant en France qu'en Afrique & en Amérique. En effet, la Carte de l'Observatoire s'est presque toûjours trouvée conforme à ce qui a résulté de nos Observations, & de celles de nos Astronomes dans ces differentes parties du Monde, au lieu que les Cartes communes en estoient éloignées de plusieurs degrez.

M. Halley Anglois, qui a observé les Etoiles Australes dans l'Isle de Sainte Helene, a trouvé par un recueil de toutes les Observations des Pilotes comparées ensemble, que le Cap de bonne Esperance estoit sept ou huit degrez plus Occidental qu'il n'est marqué dans les Cartes communes. Lors que cét excellent Astronome vint voir la Carte de l'Observatoire, il trouva que ce Cap estoit placé selon la longitude qu'il en avoit déterminée. Les longitudes des Païs encore plus éloignez vers l'Orient ont esté confirmées par des Observations qui ont esté envoyées depuis, & comparées à celles de l'Observatoire. Siam, par exemple, a depuis esté mis dans nostre Carte plus Occidental de 23 degrez que dans quelques Cartes modernes Hydrographiques imprimées à Paris; & l'Observation de l'Eclipse de Lune faite à Siam le 21. Février 1682. comparée avec celle qui fut faite dans Paris, donne la difference des Meridiens conforme à celle de nostre Carte. De-sorte que les Observations faites jusqu'à cette heure par l'ordre de Sa Majesté, ont servi à la correction de la Carte des Païs qui sont entre la Caïenne & le Royaume de Siam; & il y a lieu d'esperer qu'en les continuant par cette methode, on pourra corriger les erreurs de la Geographie universelle, & achever un Ouvrage si utile aux hommes, & si glorieux au Regne du ROY.

A PARIS,
DE L'IMPRIMERIE ROYALE,
Par SEBASTIEN MABRE-CRAMOISY, Imprimeur de Sa Majesté, & Directeur de son Imprimerie Royale.
M. DC. LXXXIV.

www.ingramcontent.com/pod-product-compliance
Ingram Content Group UK Ltd.
Pitfield, Milton Keynes, MK11 3LW, UK
UKHW020949180726
13838UKWH00003B/1221